LA LLEGADA REAL DE DIOS, A CADA SER

Es única. Es Diferente. Es Implacable. Es Especial, Impactante y Poderosa cuando los seres logramos recibirlo Real y Totalmente.

Por Nancy del Divino Niño Pulecio Vélez

Información de la imprenta disponible en la última página.

Fecha de revisión: 08/28/2019

Para realizar pedidos de este libro, contacte con:
Palibrio
1663 Liberty Drive
Suite 200
Bloomington, IN 47403
Gratis desde EE. UU. al 877.407.5847
Gratis desde México al 01.800.288.2243
Gratis desde España al 900.866.949
Desde otro país al +1.812.671.9757
Fax: 01.812.355.1576
ventas@palibrio.com
798096

LA LLEGADA REAL DE DIOS, A CADA SER. Es el libro dedicado gratamente a los Adolescentes Jóvenes y seres mayores que aún buscan encontrar las razones y el porqué de sus vidas, con lo que lograrán su Real y Especial Manejo de su "Amor Interno" y con él, surgirá para cada cual, diversos y maravillosos Milagros Especiales no Imaginados.

ÍNDICE

LA LLEGADA REAL DE DIOS, A CADA SER

LA LLEGADA REAL DE DIOS, A CADA SER

El camino de la vida es el sendero de maravillosas enseñanzas que nosotros elegimos desde nuestras mentes y corazones y de manera especial cuando en un momento único de cada uno de nosotros como, niños, jóvenes, mayores y adultos, encontramos comunicación y enlace con nuestra alma y ante ello la vida nos cambia en totalidad y maravillosamente a partir de allí vamos manejando sabiamente cada segundo de nuestros días y es cuando podemos vivir con real y plena felicidad de la mejor y gran manera.

Algunos dependen de sus profundos conocimientos con que llegan al mundo con sus almas y corazones expuestos, desde bebés, que bien los sentimos y vemos en cada uno de ellos -una vez que entendemos cómo captarlos-, para quienes algunos de sus padres los conservan y los llevan sabiamente a través de sus vidas, pero otros padres y/o madres que no captan ni entienden su inmenso valor con que nacieron, sencillamente los sacan adelante con sus propias ideas, algunos confiables otros desconfiables.

Otros encuentran su alma por medio de su especial educación filosófica de vida, para algunos bien recibida, que tiene mucho que ver con la búsqueda de la sabiduría y el autoconocimiento, aunque otros filósofos pueden no tener ninguna función práctica en su vida cotidiana en absoluto y siguen solos con su filosofía pero manejada desde afuera.

Adicionales, desde sus sentimientos que les van llegando por medio de sus amigos y parejas, dependen del tipo de ellos. Si entran en grupos sanos que en efecto están de la verdadera mano de DIOS, todo puede engrandecer para cada uno de ellos y compartir dicha extraordinaria sabiduría entre algunos que pueden empezar a entenderlo y a sentirlo para el bien de cada cual.

Mientras tanto otros, por sus expertos manejos mentales y físicos, a veces pueden ser una vergüenza terrible por los pocos mensajeros y maestros a través de sus estudios que no les han explicado las verdades sobre el alma sino que contrariamente pueden ser ignorados, ridiculizados o marginados si exponen sus experiencias espirituales.

Y vale agregar que una gran mayoría de seres, creen que la vida se trata solo de nuestra propia salud, felicidad, prosperidad y amor. Pero qué tipo salud? De felicidad? Qué tipo de prosperidad y amor? Porque no llegamos facilmente a lo lógico solo para lograr esos objetivos. Sino que la mayoría en éste tiempo para muchos desde su propia civilización, van perdiendo el mayor premio, que tienen dentro de ellos mismos y lo van olvidando porque creen que deben salir adelante dejando su verdad profunda e ignorando su alma humana, para estar de acuerdo con los seres trabajadores de cada cual. Y así se han negado a realizar preguntas sobre la función y la real misión de nuestra alma el ejercicio diario de nuestro corazón, el valioso y grato sentimiento de nuestra espiritualidad y solo siguen lo que significa para los seres como individuos y como civilización material.

Y otros somos los altamente afortunados, emocionados y gratificantes seres cuando nos llega de manera especial el conocimiento y contacto directo con el corazón de Jesús que es el símbolo de la naturaleza humana con la que llegamos a DIOS, con nuestra profunda espiritualidad y nuestra real y limpia conciencia que nos llega desde nuestra alma y corazón y que cada día nos abre las puertas a nuestra real felicidad para compartir con quienes logran lo grandioso de sus vidas en todos los aspectos, tal como es la historia que nos place presentarles a continuación iniciando nuestro libro…

Cuando Creemos En Dios Profundamente, Logramos Una Bella Experiencia

Y vale decir que una gran mayoría de seres en este mundo buscamos lo positivo, mientras que otros confundidos, escojen erroneamente sin calcular sus extraños futuros. Pero esa primera gran mayoría en total, sencillamente engrandecen sus vidas con lo sano, lo limpio, lo espiritual, magistral y a la vez profesional y bello, que entendemos cuando nos unimos a Dios, tal como lo vemos a continuación.

Hace un mes aproximadamente hablando por teléfono con mi gran amigo Carlos, me comentó sobre algo que sentía debil en su cuerpo y yo le expresé; cuando te sientas muy mal reza el Rosario porque con él y con tu fe especial, te puedes mejorar. Pasaron varios días y Carlos me llamó de nuevo y me contó:

"Estuve en el hospital desde el día 24 de Dic. y solo hasta ayer, Enero 2, salí de allí. Donde me habían dicho que tenía piedras en los riñones y que por eso tenía ese gran e inmenso dolor. Allí continué y el 31 de Dic., recordé el consejo que Nancy me había dado, pero me di cuenta que no tenía el Rosario…

pero a la vez pensé, tengo los 10 dedos de mis manos y con ellos puedo y lo voy a rezar con toda mi fe. Al siguiente día, amanecí con mucho menos dolor, pero tenía programados todos los exámenes y tratamientos que se habían coordinado con el hospital inicialmente. Y cuando me hicieron los exámenes la respuesta que me dieron fue la siguiente: -Señor usted ya no tiene piedras en los riñones ni otra enfermedad, por lo tanto bien se puede ir del hospital-".

Preguntas y respuestas para Carlos:

— *Y entonces cómo te sentiste en ese último momento?*
"Muy conectado con la Divinidad".
— *Sabías que tu creencia en Dios era de esa magnitud?*
"Siempre tuve mi creencia en Dios, pero nunca había experimentado nada de esa magnitud".
— *Cómo puedes recomendar el sentimiento de la fe?*

"Tenemos que estar conectados para podernos dar cuenta que somos verdaderos hijos de Dios, hechos a imagen y semejanza. Somos perfección como es él, pero no nos damos cuenta. Es muy fácil si seguimos los mandamientos, si llevamos la vida en paz y tranquila, para poder reflejar a DIOS en nosotros".

La experiencia con mi amigo Carlos fue extraordinaria y por eso iniciamos nuestro libro con su bella historia que sin duda pondrá en contacto con DIOS a muchos seres.

Y por ello creemos que el camino de la vida es el sendero de maravillosas enseñanzas que cada cual elegimos desde nuestros inicios y que cada día continuamos; algunos profundisándonos cada vez más para vivir de la mejor manera nuestras vidas unidos a DIOS, y otros confundidos y lastimosamente alejados de la única verdad que tenemos en éste mundo son quienes quedan profundamente desafortunados, con respuestas inesperadas en sus vidas.

Sí. Este camino que experimentamos cada día fue escogido por nosotros mismos. Desde que empezamos a seguir nuestros deseos; buenos, regulares o malos y que solamente llegamos a identificarlos con los resultados que nos van sorprendiendo de manera única, o contrariamente; como no lo esperábamos.

Porque desde cuando nacimos y éramos seres infinitos, DIOS eligió a nuestros padres, quienes en su gran mayoría al haber crecido y madurado, de la mano de sus hijos pudimos aprender lo bueno, para llegar la gran mayoría por medio de ellos a un buen y gran espacio y otros pocos a un lugar errado de éste mundo y eso ya, es elegido por cada cual.

Y porqué creer en ello?

Porque cuando llegamos a ser mayores y revisamos nuestras vidas, la gran mayoría de seres podemos sentir y entender, que en efecto fue por medio, de esa relación especial entre padres y/o madres e hijos, que nos llevaron a un espacio especial en este mundo, como fue para experimentar, aprender y validar en este universo, todo lo que aún nos faltaba conocer como seres humanos nuevos. Y algunos siguieron sus guías, pero otros, tomaron otras alternativas.

Algunos Podemos Entenderlo
Y Otros No Lo Logran

Por todo ello, es apasionante vivir cuando nos damos cuenta de ello. Que es cuando podemos abrir los ojos para reconocer que si miramos hacia atrás, podemos confirmar la gran inmensa mayoría de seres en éste mundo, que nuestros hechos buenos fueron la realidad que nuestros padres y madres nos enseñaron y nos guiaron para vivir de la mejor manera. Lo cual al respecto vale agregar, algunos hijos supieron seguir sus pasos correctos, pero muchos otros se confundieron y se siguen confundiendo con creencias erradas que solo al final de sus vidas la gran mayoría va a decir: hemos debido haber seguido los buenos pasos, ejemplos y enseñanzas que nuestros padres limpios y sanos nos iban dejando…

Quienes los oyeron y siguieron sus buenas enseñanzas, lograron y siguen alcanzando grandes resultados de sus vidas. Y algunos de ellos a la vez tuvieron y están teniendo la suerte de poder seguir hablando aún con sus padres y/o madres que estan en su sana y buena vejez. Lo cual como conclusión son las familias gozosas que todos podemos reconocer con grandeza real de lo que han realizado en sus vidas. Como éstos hay algunos grupos de seres en el mundo que bien vale la pena analizarlos y seguir sus ejemplos, pues son grupos y familias únicas que han dejado los más gratos recuerdos y sanos ejemplos de sus actos.

Otros, son aquellos que no siguieron las enseñanzas de sus padres, sino que tomaron sus propios deseos, no conocidos e indecisos y a la vez creyendo que podrían llenar sus vidas porque iban a lograr -lo mejor- de acuerdo con sus mentes jóvenes, con entusiasmo y creencias confundidas, que de jóvenes nunca se daban cuenta. Y dentro de este grupo, por lo general para muchos, solo pueden ver sus verdaderas realidades, cuando logran abrir sus ojos ante cualquier tragedia o sencillamente una experiencia negativa que no habían entendido y a la vez, que es cuando ya se les han ido sus padres y madres, y cuando se entienden a fondo los buenos recuerdos de ellos y surge su gran amor real, reconociéndoles que en efecto cuando nacieron les trajeron lo gratamente posible al mundo para enseñarles todo lo bueno que necesitaban y que había sido de gran importancia haberlos atendido y entendido en su juventud y no ensayar situaciones no necesarias. Y al respecto vale anotar como lo expresamos, que lo bueno y/o regular que viven dichos seres jóvenes, son en efecto producto de la grandiosa enseñanza que recibieron de parte de sus padres y madres, y lo malo solo lo ven a veces cuando logran apreciar esa enseñanza con totalidad, que es cuando tenemos la posibilidad de conocernos a fondo a nosotros mismos, bien con nuestro amor interno o con nuestra mayor edad que nos identifica ese sentido de agradecimiento a nuestros padres con reconocimiento de sus enseñanzas a nuestras vidas y a la vez que es cuando logramos unirnos y encontrar a DIOS en nuestro corazón.

Adicional a lo anterior, es cuando podemos recordar la buena, perfecta y feliz comunicación que experimentamos cuando nacimos desde nuestra madre para muchos, la cual justamente a todos nos abre los ojos para analizar y desarrollar lo mejor de ella y tener la capacidad para llevarla a cabo sabia y limpiamente con nuestros nuevos hijos. Y al respecto justamente encontraremos más adelante, otra gran razón lógica que muchos no conocemos y que gozaremos al leerla y entenderla a fondo.

Y es que tenemos que ver también que hay otros muchos seres, que nunca reconocieron a sus padres y madres de ninguna manera, algunos porque pudieron ser abandonados y sencillamente no los conocieron. Otros por falta de entendimiento personal y por ello no encontraron ni encuentran razones fáciles y lógicas de sus vidas y que con dolor, confusión o profunda ira, encuentran razones ilógicas no imaginables porque sencillamente no han entrado a su ser interno y solo encuentran problemas para manejar sus vidas.

Y aunque todos los seres humanos nos encontramos en el camino de aprendizaje, algunos lo logran efectivamente desde niños, otros desde jóvenes, otros como mayores y otros una vez que somos adultos cuando desde nuestros últimos años, a una buena mayoría nos llega la real presencia de nuestra alma abiertamente clara y por ello deseamos lograr el proceso y camino limpio, sano y correcto de nuestras vidas y las de todos los conocidos que podamos.

Como padres o madres, despiertos a este hecho, ellos responden alertas segundo a segundo, minuto a minuto con todas sus capacidades para enfocar sus vidas en correcta comunicación con sus hijos, de la mejor manera desde sus inicios y hasta el último momento de sus vidas. Y vale agregar que éstas especiales personalidades, crean el don único de lo principal en el mundo, como es llevar a cabo la mencionada y correcta **comunicación** con sus hijos para dejar en ellos la herencia de las mejores bases educativas y espirituales, que esperan que lleguen igualmente y con real fortaleza a sus nietos y a la vez con ellos mismos, como lo veremos a continuación.

Hasta Dónde Creemos En La Importancia De La Comunicación?

T odo depende de cada grupo y cada persona. Porque hay otra inmensa mayoría, que es la que cree estar despierta y comunicada, pero lo que está es "dormida" por millones de causas. Principalmente por estar viviendo la juventud, la cual confunde fácil a todos los seres humanos por los deseos hormonales que surgen en cada cuerpo de los hombres y mujeres, al empezar la adolescencia y juventud.

Más cuando está surgiendo algo que no imaginábamos como es, el concepto de la Ideología de Género, que de manera desafortunada las políticas, entre ellas la colombiana la está trabajando bajo el acuerdo con la Habana, para establecer el enfoque de género que explica que cada ser cuando nace, por ejemplo como mujer, no nace como mujer sino que llega a serlo cuando lo desean y lo mismo con los hombres que cuando nacen, no nacen como hombres sino que llegan a serlo por sus deseos, los cuales en su gran mayoría serán errados, por las influencias no esperadas que cada cual recibe. Y todo ello surgió bajo la alta instancia del pasado gobierno errado y unido a la secretaría de educación y varios directores políticos que quieren hacerlo funcionar, todo por un acuerdo formado por y con los guerrilleros colombianos que crecieron en la Habana. Algo inconsevible que solo esperamos que los seres humanos colombianos no se dejen manejar para que nuestros hijos e hijas no vivan absurdamente. Y es tan grave que bien vale la pena anunciarlo por todos nuestros medios para que los padres y madres abran los ojos y estén listos para no dejarse manejar en éste sentido por la política. Porque ello no tiene sentido, porque bien sabemos que desde hace más de 2000 años los niños han nacido como niños y las niñas como niñas sin problema y luego en su juventud si desean cambiar sus vidas pueden hacerlo bajo la responsabilidad profunda y desición de cada cual sin tener que unirse a propuestas insanas. Solo por sus decisiones personales.

Y a la vez podemos entrar a analizar que muchos de los jóvenes hoy confundidos, pueden haber vivido algo similar por medio de lo cual han sido errados. O sea que sin culpa básica porque en esos momentos de juventud los seres no alcanzan a entender que deben alinearse en el proceso interno de aprendizaje, para manejar sabiamente sus mentes, almas y cuerpos, detalle que no lo captan hasta cuando logran vivir dolorosas experiencias, o a algunos hasta que les llega la vejez real. O de buena fortuna, otros pocos, logran el encuentro interno de sus mentes, almas y corazones con lo cual comprenden cómo restaurarse y renacer sus vidas para emprender nuevos y correctos conceptos que bien hechos sin dejarlos, abrirán el nuevo mundo que tanto habían esperado.

Otra gran mayoría, cree que ya lo saben todo y que no van a entrar a hablar de cosas —simples o regulares— porque según ellos, posiblemente con base en ello, no van a ser productivos -económicamente-. Porque al vivir en este mundo de la necesidad económica con toda la guía científica, siguen ese camino y no alcanzan a ver la necesidad de lograr encontrarse espiritualmente con su ser interno. Y como ésta, existen miles de razones por las cuales cada persona de éste grupo, tendrá un camino largo a seguir que no aclaran facilmente hasta encontrar su propia y sana realidad; si son afortunados en su alta vejez, pueden entender y encontrar sus necesarios-lógicos sentimientos antes de partir a su vida eterna.

Y la causa más importante de éstos grupos, se debe a que no entienden la primera y fundamental obligación o necesidad que como seres humanos en este mundo, debemos entender, como es el proceso de **comunicación**, no solo con nuestros padres sino con nuestra profunda alma y corazón con lo cual nosotros mismos nos lograremos claramente entender y de allí lograr la sana comunicación con el resto del mundo.

Al respecto hay puntos fundamentales y claros que nos ayudan a ver en qué momento nos encontramos, lo que somos y lo que necesitamos, y para ello es fundamental entender principalmente: "Quiénes somos". "Para qué llegamos a ésta tierra". Y "A quien debemos servir".

Quiénes Sómos Cuando Nacemos

P ara entrar en el proceso de **conocernos a nosotros mismos y de saber para qué estamos en ésta tierra,** debemos iniciar con: Quiénes Somos cuando nacemos.

La mejor forma será recordando una de las sabias lecciones que posiblemente muchos no sabemos de acuerdo con científicos reconocidos como es la gran enseñanza del Dr. Bruce Lipton, que nos dejó claro que nuestros padres y especialmente nuestra madre, son quienes dejan en cada uno de los seres humanos nuestro sub-consciente programado. Veamos la razón.

Porque de acuerdo con los profundos estudios de él, cuando estamos en el útero – vientre de nuestra – madre, de acuerdo con lo que ella y su padre, si están juntos y viven profundamente conscientes de sana manera, es lo que dejan limpiamente en nuestra mente inicial y básica.

O contrariamente, si se separan y viven con furia y con problemas, dejan igual la formación de nuestro sub-consciente sucio o enfermo.

Y así es como el Dr. Lipton muestra la principal impresión que allá adentro obtenemos como bebés, lo que sentimos y llevamos dentro y expresamos dichas sensaciones y experiencias de gritos y peleas dentro con nuestros padres. O sencillamente llenos de amor sanos y tranquilos que eventualmente ambos manejan solos y/o acompañados de la mejor manera y como nuevos seres reaccionamos gratamente.

Y también es que todo lo que día a día vamos recolectando en nuestro cerebro lo traemos desde antes de nacer y es con lo que llegamos a este mundo y desde donde podemos tener limitaciones, amarguras, furia sembrada y detalles negativos que nosotros mismos no entendemos, o maravillosos deseos sanos y abiertos para manejar clara e inteligentemente nuestras vidas.

Al respecto vale agregar que ésto también tiene que *ver -con el manejo de nuestras madres en su alimentación-,* cuando cada cual logra una perfecta nutrición clara y sana, y con profundos conocimientos de ellas, van ayudando al cerebro de ese bebé que está en su vientre. O todo lo contrario si es el caso, cuando no hay conocimiento propio de parte de las madres, ni madurez de parte de ellas quienes creen que lo saben todo y ante tal estado transmiten todo lo innecesario a sus bebes.

Y aún más. El medio ambiente de la madre es el medio ambiente del feto, si la madre está feliz ella está dejando en su bebé una química plena y feliz, pero si la madre tiene miedo, el bebé aprende la desagradable química del miedo y si la madre no desea el bebé porque piensa que puede interferir con la familia, el bebé queda aún peor con la química del rechazo.

Palabras extraordinarias y reales reconocidas por el Dr. Bruce Lipton y que todos los seres humanos debemos conocer y tener en cuenta desde lo más temprano de nuestras vidas para estar listas a la sana producción de cualquier bebe que podamos crear, especialmente como mujeres.

Y al respecto igualmente los padres tienen que ver con el tema, por lo cual debemos profunda y altamente expresar, que si logran tener una pelea fuerte entre el padre y la madre, el niño oye y siente la fuerte respuesta y los gritos, y el bebé reacciona con sus movimientos internos desde el vientre generando resultados inesperados una vez que nace y a través de su vida.

A la vez, podemos recordar que los seres humanos tenemos además los sentidos llamados ondas que son: "Delta, Theta, Alpha, Beta y Gamma".

"Delta" es la que llevamos desde nuestro inicio de vida entre los 2 y 4 primeros años. La siguiente es: "Theta" de la cual somos dueños desde los 4 hasta los 8 años. Luego sigue "Alpha" que nos responde desde los 8 hasta las 12 años. Y luego "Beta" que va desde los 12 a los 30 años y la última, "Gamma" que va de los 25 a los 100 años.

En relación con nuestras ondas cerebrales, la clave del bienestar auténtico está en que cada una de ellas trabaja de forma adecuada, dentro de su frecuencia, en sus años mensionados y en el nivel óptimo. Aún más, tampoco podemos pasar por alto que estos ritmos cerebrales no son estables, sino que cambian a medida que crecemos, maduramos, abrimos los ojos y el corazón y/o envejecemos. El objetivo, por tanto no está en obsesionarnos con potenciar nuestras ondas Beta para mejorar la atención o las Gamma para alcanzar un supuesto estado místico o espiritual. Lo cierto es que no hay un tipo de onda cerebral mejor que otra o una más especial frente a las demás. Todas son importantes porque todas ellas son el resultado de la actividad efectiva de nuestras neuronas y de cada uno de nuestros estados mentales, tal como lo expresan los profundos conocedores del tema cerebral llamado Ondas.

Y vale la pena explicar más claramente lo que representan cada una de ellas, como es "Delta" con lo que llegamos al mundo como bebés y lo mantenemos entre los 2 y 4 años, produciendo el sueño profundo y nuestra capacidad para descansar, la cual poquito a poco tal como lo captamos, lo vamos eliminando y cambiando a la siguiente onda.

Luego la segunda onda cerebral, "Theta" que mantenemos desde los 4 hasta los 8 años y se relaciona principalmente con nuestras capacidades imaginativas, con la reflexión y los sueños que logramos, por lo cual vale anotar que ésta onda nos puede producir elevadas actividades emocionales y profundas, tal como empezamos a entender detalles exitantes desde nuestro cerebro.

La tercera onda es "Alfa", la cual nos abre la mente a pensar y entender las películas, la televisión e historias y todo lo que vamos viendo y experimentando a nuestro alrededor y va surgiendo para nuestros nuevos intereses que empezamos a entender desde los 8 hasta los 12 años en adelante.

Y luego al rededor de los 12 años, nos llega la cuarta onda llamada "Beta" que nos entra a nuestros cerebros y que poco a poco va creciendo y se convierte en la onda neuronal activa e intensa, que debemos saber manejar y que algunos lo logramos con la ayuda de nuestros padres, buenos ejemplos y estudios y otros las toman para proceder de manera errada como adolescentes, dejando bases negativas para nuestras vidas.

Y la quinta onda llamada "Gamma", que va desde los 25 hasta las 100 años, es la que nos puede ofrecer una real felicidad, una mejor percepción de la realidad, un enfoque increible, un mejor autocontrol y una experiencia sensorial más rica y conciente de nuestra alma, nuestro corazón y nuestro espiritu, con lo que podemos triunfar y bendecir nuestra vida si aún no lo hemos logrado y si lo deseamos realmente.

Veamos los detalles que algunos exponen sobre la onda "Gamma", tal como son los siguientes que podemos claramente escojer para mejorarnos: -*Ayuda para lograr altos grados de meditación*-. -*La mejora de la conexión con el universo*-. -*El mejor anti-depresivo natural*-. -*Rendimiento mental y físico al máximo*-. -*Mejora de la percepción sensorial*-. -*Mejora de la inteligencia, la alegría, la compasión, la memoria y el auto-control*-. -*Mejora del enfoque y la concentración*-. -*Mejora de la capacidad de la comprensión y* -*Aumento del estado de la Bendición*-. Todo ello es cuando nos unimos diariamente a nuestra mente, alma y corazón o cuando nos surgen amigos sanos y amigas sanas y el de la persona con quien nos unimos con quien y quienes podemos desarrollar lo que deseamos, siempre para nuestro bien.

Y a la vez de gran importancia, debemos estar listos cuando es lo contrario; amigos y amigas insanas que son aquellos que cuando los ubicamos, sentimos que debemos evitarlos en todos los sentidos. Especialmente cuando nos han propuesto algo inesperado, no conocido para la creación científica relacionada con el dinero... Aquellos, NO debemos seguirlos, aunque estemos justamente necesitados de fondos económicos. NO debemos seguirlos. Aunque nos garantizan sus esfuerzos. NO debemos seguirlos. Porque pronto o un poquito más tarde van a quedar incorporados en nada de lo que debemos seguir en esta vida, como es la cárcel y/o la identificación al lado de seres indeseables.

Vale agregar a estos nuevos jóvenes hombres y mujeres, que nada de ello sirve. Ni para nuestra vida de jóvenes o de mayores o incluso para irnos de este mundo. Que quedarán perdonados? Posiblemente, solamente de parte de DIOS, pero tristemente ubicados en el peor grupo de los seres humanos en la tierra, donde no debemos unirnos jamaz ni aparecer con ellos bajo ningún aspecto.

Tal como lo vemos y conocemos por medio de jóvenes, muchachos y muchachas quienes en su gran mayoría desarrollan sus confusos deseos por dejarse llevar principalmente por su sub-conciencia agregados a sus deseos físicos y de manera no imaginada nos pueden presentar horrendos pasos que nunca habíamos imaginado y mucho menos deseado.

Por todo ello siguen siendo importantes y fundamentales las palabras del Dr. Bruce Lipton, quien al respecto dice: en nuestra conciencia tenemos el 5% de ella y el 95% de nuestra sub-conciencia. Y lejos de dejarnos manejar por ese 95% que NO necesitamos, si ya hemos visto y experimentado que no nos ha servido, podemos ampliamente analizar lo limpio que nos gusta y eliminar de nuestra mente y corazón, lo desagradable, y no creer como lo dicen: -solo CREEMOS que el 95% es el que nos maneja-, porque SI es posible lograr sanar nuestra sub-conciencia y convertirla limpiamente, en nuestra real y grata CONCIENCIA y convertirla en nuestro efectivo 95%. Y es cuando podemos entrar -si lo sentimos y deseamos-, de la Mano de DIOS, con quien bien afortunados podemos con él, entender desde nuestro fondo lo sano y limpio con que cada segundo debemos actuar y vivir.

O sea que si captamos todo ello a tiempo y nos analizamos profundamente cada uno, tal como el Dr. Bruce Lipton lo demuestra, es cuando logramos todo lo mejor que puede llegar a nuestras vidas. Por ello, sabemos que a la vez quienes aprenden a captar la importancia de manejarse serena y claramente, pueden unirse positivamente al encuentro de sus familias, lograr la mejor comunicación con sus padres y madres, también con hermanos y hermanas, o amigas y amigos especiales con quienes siempre experimentamos todo lo positivo y sencillamente seguir con nuestra nueva CONCIENCIA, amplia, fuerte, limpia y positiva que lograremos totalmente con nuestras nuevas resoluciones tal como lo veremos a continuación.

Como Podemos Hacer El Cambio Efectivo Desde Nuestra Sub-Conciencia A Nuestra Activa Conciencia Para Llegar Con Ella A Nuestro Manejo Espiritual

L ogrando entender que con nuestra gran inteligencia, nuestros sanos pensamientos, nuestra limpia energía y nuestros deseos positivos, es con lo que podemos empezar nuestros nuevos días.

Y para lograrlo de la mejor manera, cada día apenas nos despertamos y abrimos nuestros ojos debemos respirar profundamente una, dos y tres veces, siempre comunicándonos con nuestro corazón y al sentir nuestra alma preguntarnos lo bueno que debemos elegir éste día para nuestro bien.

Y con cada respiración que nos llega de manera positiva, estar seguros y/o seguras que lo que vamos a hacer, es correcto, es sano, es limpio y será bueno para nosotros y para todas las personas con quienes vamos a tratar.

Si nos surge algún pensamiento negativo de inseguridad, susto o de angustia, ante lo positivo que deseamos, podemos empezar a eliminar dichos sentimientos con nuevas respiraciones llenas de pensamientos positivos con los que podemos crear nuevas alternativas y reemplazar con ellas cualquier negativismo que quiera entrar a nuestros sentidos positivos que siempre hemos conocido desde nuestra alma y que no habíamos aceptado porque no entendíamos que con nuestras sanas respiraciones desde nuestra alma y corazón podíamos realmente eliminarlos y hacer el maravilloso cambio de la sub-conciencia a nuestra actual, real, gran y limpia CONCIENCIA.

Y porqué éstos bellos resultados? Porque poco a poco al encontrarnos en nuestro corazón con nuestra fe y recibir palabras de nuestra alma, es cuando entendemos, si así lo queremos nuestra unión con DIOS, que es cuando sentimos cómo podemos entrar a las sanas, claras y mejores ideas con las que obtenemos los más claros resultados para ejecutar lo correcto, sabiendo que en la medida que continuemos de esta manera logramos nuestro profundo manejo espiritual, con segura honestidad y a la vez desaparecer de los amigos insanos, para poder seguir nuestra vida ejemplar, por el camino blanco, limpio y totalmente correcto.

Y vale agregar que el manejo espiritual, nos lleva a ver y gozar abierta y relajadamente lo positivo de nuestra vida ante el mundo, a producir y compartir los talentos con que muchos nacimos y a disfrutar cada instante de la vida, sin volver a las circunstancias malas con que algunos desean seguir viviendo, pero que antes de hacernos gran daño, muchos logramos salir de ellas y con nuestra fuerza sana hoy estar listos para evitarlas sabiamente y no dejarlas llegar a nosotros bajo ningún aspecto, sino con nuestra nueva CONCIENCIA Unidos a DIOS, empezar cada día y lograr todo lo que deseamos!

Cuando Llegamos Con Total Claridad A Nuestro Corazón Y Nuestra Alma, Entendemos La Sana Entrada A Nuestro "Amor Interno"

B ien vale la pena anotar que entre lo magnífico que nos aporta el encontrarnos con nuestro corazón limpio y energía interior y nuestra maravillosa alma, está la capacidad que podemos engrandecer aún más, cuando a la vez aprendemos el manejo neuro-científico y neuro-espiritual de nuestra mente, para lograr todo lo positivo que deseamos con nuestro corazón, por lo cual además debemos entender profundamente la importancia de nuestro "Amor Interno" que lo analizaremos detalladamente a continuación y más adelante.

Y a qué edad puede suceder ésto? A todos nos llega en una edad diferente y allí es cuando podríamos pertenecer al primer grupo de personalidades especiales plenas de felicidad real, que siempre en el mundo admiramos, porque a ellos llegamos una gran mayoría, solamente con nuestras altas edades y circunstancias especiales o cuando jóvenes unidos a DIOS entendemos profunda y realmente lo que nuestro claro y limpio, "Amor Interno" significa sin envidias, sin reproches, sin rencores, sin celos, sin codicia, sin rivalidad, sin resentimientos, sin iras, sin nada que entorpezca dicho sentimiento, porque con su total y profunda limpieza, es que podemos estar listos para entender ampliamente QUIENES SOMOS, CUANDO NACEMOS.

Así es que podemos iniciar o re-iniciar el manejo de nuestras vidas de la mejor manera, siempre que logremos analizar todos los momentos necesarios de la mano de nuestra alma y corazón, y como es, arreglar desacuerdos si los tenemos, sanar enfermedades si nos han llegado, malas relaciones y todo lo posiblemente negativo que el mundo nos presenta, pero que al habernos encontrado con nosotros mismos, iremos limpiando poco a poco para entrar al grupo de personalidades especiales que hemos conocido con infinita admiración a través de la vida y que en el principio habíamos visto desde lejos. Lo cual nos cambia para poder entrar en la enseñanza que le debíamos a la vida, como es el proceso y progreso del entendimiento de circunstancias únicas a veces sorprendentes no esperadas pero que bajo el manejo de nuestra evolución propia, vamos limpiando y colocando lo que necesitamos y no necesitamos para nuestras vidas.

Lo que llamábamos tristeza, pena, melancolía, dolor, descontento, desesperación, sufrimiento y muchos de esos conceptos que no necesitamos, nos pueden desaparecer cuando reincorporamos la fuerza de nuestros gratos, sanos y limpios pensamientos, que no habíamos traido unidos, pero que ya ante lo desarrollado de manera limpia, esa llamada -tristeza y demás negatividades-, ya no tienen acceso a nuestro cerebro, mucho menos a nuestra alma y por lo tanto tampoco a nuestro corazón. Y es que es cuando logramos entender lo positivo ante algo negativo, es cuando captamos y sentimos que en efecto tenemos nuestra real, luminosa y divina unión con DIOS.

Cómo Podemos Sentir Y Llevar A Cabo Lo Mejor Para Nuestras Vidas Cuando Somos Adolescentes Jovenes, Hombres O Mujeres?

Es posible, siempre que queramos lograr los mejores resultados de nuestras vidas referidas con nuestras relaciones físicas, que son las que nos surjen fuertemente en nuestras adolescencias, las cuales principalmente deben manejarse desde el corazón de cada cual, para que de manera espiritual sin atender unicamente los deseos físicos, tanto de parte del hombre como de la mujer puedan lograr la mejor manera de vida y ser capaces de analizar conjunta y positivamente dichas situaciones. Al respecto deben entender y saber cómo manejar los fuertes deseos que nacen del cuerpo, atendiendo y respondiendo primero al alma y corazón de cada cual. Y cómo lograrlo? A continuación lo analizaremos detenidamente.

Por ello a la vez, siempre debemos estar abiertos, dispuestos a no confundirnos, ante la alta capacidad del manejo que nos surje. Debemos hacer un análisis claro y real para lograr seguir lo que nos conviene. Y deshechar con nuestra mente, alma y corazón y "Amor Interno", lo contrario del cuerpo que no nos conviene. Posiblemente algunos lo logran y posiblemente otros no, porque no alcanzan a entender o captar la importancia de no obrar erroneamente o sea no atender inmediatamente los deseos físicos.

- *Cómo logramos el manejo de nuestra confundida situación como Adolescente Jóvenes?*
- *Cómo nos responde nuestro amigo o amiga?*
- *Hasta dónde está cada uno/a dispuestos a seguir adelante de manera sana?*
- *El amor seguiría si llegara un accidente a él o a ella y la relación física no pudiera funcionar, pero solo la relación espiritual? -*

Y es que sencillamente como Adolescentes Jóvenes queremos entender la mejor manera de manejar nuestros cuerpos, porque podemos sentir que con base en el buen manejo y funcionamiento de ellos es que podemos lograr lo grandioso de nuestras vidas, lo cual es perfecto, siempre que entendamos como Adolescentes y Jóvenes, que el buen manejo y funcionamiento no tiene que ver con nuestros deseos físicos corporales.

Porque algunos creen que pueden aprovechar aquí y allá y de ésta manera entrar a buenas respuestas de las mujeres y hombres? Como ampliamente sabemos no llegarán buenas respuestas, sino justamente las que no deseamos como seres humanos, críticas y alejamiento total de parte de muchos seres. Pero antes de seguir vamos a responder a dichas preguntas para que como Adolescentes Jóvenes las tengamos en cuenta.

Cómo Logramos El Manejo De Nuestra Confundida Situación Como Adolescentes Jovenes?

Como Adolescentes Jóvenes sabemos claramente que nuestros deseos físicos son fuertes y queremos "gozarlos" sin importar las consecuencias... Bajo estos aspectos debemos tener claro primero el tipo de amor que estamos desarrollando. Es real y firme, o es apenas para empezar una relación? Importante definirlo porque así no es bueno empezar una sana relación. Estamos comunicados con nuestra Alma y nuestro Corazón? Entendemos la importancia necesaria y real de nuestro "Amor Interno"? Si no lo captamos, debemos respirar profundamente hasta sentir que llegamos a nuestro corazón y a nosotros mismos y entender de manera profunda la sana y sabia grandeza para nuestras vidas.

Cómo Nos Responde Nuestro Amigo O Amiga?

Cómo nos responde ese especial personaje (hombre o mujer, dependiendo de cada pareja) para actuar de la mejor manera, sin llegar a nuestra atracción física, porque esa "atracción física", solo debe funcionar cuando estemos uno a uno comunicados y convencidos del real, limpio y gran amor compartido que hará bien para crear una pareja matrimonial para la vida de los dos. Algo que será de profunda importancia ya que es lo que nos identifica claramente para lograr nuestra vida limpia y verdadera y todo lo bueno que nos debe llegar.

Hasta Dónde Está Cada Uno/A Dispuesto A Seguir Adelante De Manera Sana?

C ada uno y cada una en éste aspecto deben estar real y profundamente enamorados y/o enamoradas para conjuntamente los dos empezar a trabajar en el manejo de la comunicación desde la mente con el Alma y el Corazón, para lograr entender y manejar claramente el significado del "Amor Interno" personal y de cada cual y con él abrir todo lo sano a esa pareja especial, que aunque sean muy jóvenes podrán seguir juntos llevando una vida positiva de manera exclusiva hasta llegar a ser mayores. Por medio de lo cual tendrán un bello hogar con hijos sanos, positivos y bellos desde donde lograrán esas familias únicas, que pueden ser las nuestras y otros que muchos conocemos y miramos de manera especial.

Seguiría El Amor Si Llegara Un Accidente A Él O A Ella Y La Relación Física No Pudiera Funcionar, Pero Sólo La Relación Espiritual?

Siempre que la relación esté basada en el verdadero amor que es el único que puede perdurar, podrán seguir juntos manejando cualquier detalle que la vida les traiga. Aquí deben surgir varias preguntas, porque muchos, tanto hombres como mujeres, no imaginan poder aceptar una dificil situación y es allí cuando surge la inmensa y gran posibilidad de ser realmente únicos y especiales juntos los dos, ante cualquier situación que sin duda, unidos a DIOS, encontrarán respuestas grandiosas y no imaginadas para sus dos vidas, las de sus hijos y demás familias.

Estas son especiales preguntas que nos demuestran reales sentimientos del verdadero y no verdadero amor que puede existir dentro de nosotros mismos y ante una especial joven pareja, y respuestas que cada cual puede encontrar dentro de ellos mismos, siendo cada uno los más honestos posibles para ofrecer una situación sana y totalmente limpia entre dicha pareja y con ello encontrar cada cual lo mejor para su ser personal.

Al respecto vale anotar uno de los cientos y miles ejemplos reales que surgen en la vida de los jóvenes y que nos muestran efectivamente los inicios errados y los finales asombrosos tal como es este ejemplo vivido a continuación...

Este fue el caso de una confundida niña que a los 14 pequeños años, desesperada porque sentía que no amaba ni a su madre ni a su padre, se unió -enamorada- de un jóven por medio de una invitación que recibió de la conocida guerilla colombiana Farc. Allí estuvo durante 6 años. Y a los 20 años logró volarse del lugar, cuando a la vez entendió que ya su amor no existía porque el muchacho había sido asesinado y a la vez había vivido momentos horrendos en todos los sentidos y cuando salió confundida no lo hizo a la casa de su familia. Pero días después declaró: "Cuando mi madre se enteró que yo había dejado el grupo tuvo mucho miedo que me mataran porque en las Farc ya habían convocado un consejo de guerra. Así que mi madre me deseó que DIOS me protegiera y que yo fuese capaz de elegir bien el camino que debía tomar. Cuando escapé aunque no fui directamente a mi casa, desde donde estaba vi de nuevo a mi familia y tuve una alegría tan profunda y grande, que fue como el mejor sueño de mi vida, porque llegué a sentir y pensar que nunca más los volvería a ver y ante lo que había vivido ya mis sentimientos habían cambiado totalmente para volver a ellos y obviamente así lo hice".

Como ella hay cientos de ejemplos que logran limpiar sus mentes, almas y corazones cuando viven tristezas y difíciles fracasos. A la vez, difícil es a veces, encontrar una limpia realidad de una relación entre una jóven pareja, pero es de gran importancia compartirla y analizarla cuando ella surge y ha existido. Porque muchos jóvenes no pueden analizar los puntos negativos y en su reemplazo, tristemente solo pueden entender y sentir los deseos físicos y por ello surge, un mínimo porcentaje de éstas relaciones de sanos jóvenes en el mundo.

Porque la juventud y adolescencia mueve a la gran mayoría con los deseos hormonales que surgen en cada cual y los llevan a creer que sus vidas dependen del gran manejo que les puede dar el compañero o la compañera con quien se han unido por medio de sus gustos físicos que los llevan a creer que son los que deben seguir. Y no es posible que facilmente siendo jóvenes, abran sus ojos y se puedan dar cuenta en ese momento que tienen y viven el gozo, pero que posiblemente por lo general puede ser erróneo por la juventud adolescente, cuando aún no se entiende si se tiene total, eterno, limpio y claro amor de parte interior de cada uno y para ambas partes y que de acuerdo con ello puede durar eternamente su especial relación o sencillamente como lo vemos puede acabar la relación de manera triste y no esperada.

Algunos pueden sentir que van de manera correcta y efectiva, y son las parejas que pueden seguir juntas de por vida. Pero otros y otras, facilmente podrán estar llegando a un gran sufrimiento que dificilmente lograrán desaparecer de sus corazones, hasta que pasados los años, encontrarán cómo limpiar el dolor y sufrimiento, lo cual sólo pueden conseguirlo realmente cuando entran a comunicarse y unirse con ellos mismos de manera real y espiritual y pueden entender que lo físico no era lo claro y suficiente para crear y llevar a cabo una relación definitiva para sus vidas, porque no habían podido ver las posibilidades de limpiar correctamente esos deseos del cuerpo que justamente se tienen y se deben entender para no continuar con gran atención, funcionando solamente desde el cuerpo para el cuerpo.

Y cualquier joven, hombre o mujer perteneciente a esa inmensa mayoría de seres que acabamos de mencionar con su llegada al sufrimiento como, - Adolescentes Jóvenes-, y que están leyendo estas palabras, posiblemente no lo están entendiendo y pueden sentir, disgustos y colocar sus conceptos, lejos de la realidad de sus vidas y experimentar cosas de las que pueden arrepentirse profundamente al final de su existencia.

A ellos muy especialmente les pedimos que por favor, sigan leyendo para que por su bien logren evitar engaños y frustraciones, entender los mejores caminos de ondas positivas que pueden desarrollar en sus vidas no solo físicas sino físicas y espirituales para gozar abierta y limpiamente al final de ellas.

De forma, que en todo este proceso, que caminamos por la vida, estamos cumpliendo con la principal tarea de encontrarnos con nosotros mismos y una vez logrado con nuestra mente, alma y corazón, adicionalmente y de gran importancia, entenderemos cómo resolver amplia y correctamente, el siguiente entendimiento necesario para nuestras vidas, como es lo mencionado del funcionamiento físico de nuestro cuerpo y como es la especial y sagrada conexión con nuestros padres con quienes si hemos logrado profunda comunicación podremos captar puntos no imaginados si logramos conversar con ellos a fondo. Y si no es éste el caso, porque no conocimos a nuestros padres o no tuvimos profunda comunicación con ellos, lo lograremos maravillosamente cuando nos comunicamos con nosotros mismos internamente y desde nuestra mente, alma y corazón profundamente logramos encontrarnos maravillosamente con nuestro DIOS, logrando tal como lo hemos expresado lo mejor de nuestras vidas.

Y vale agregar que un punto que no nos llamaba la atención al inicio de nuestra vida, era justamente el buen logro de la comunicación profunda con nuestros padres, porque muchos pensábamos que cualquier cosa era solo responsabilidad de parte de ellos y no de nosotros… Porque no habíamos entendido que cada ser humano debemos encontrarnos dentro de nosotros mismos para poder comunicarnos debida y principalmente con los seres que nos trajeron a éste mundo. Porque fue por ellos que llegamos a nuestra existencia, lo cual algunos no lo habíamos ni siquiera pensado y mucho menos captado su inmensa importancia.

Y desafortunadamente muchos de nosotros no entendemos esa básica y fundamental importancia hasta cuando ellos, nuestros padres y/o madres, ya se han ido de nuestras vidas.

Y parece absurdo, pero eso hace parte de esa gran mayoría de personas que siguen por la vida sin entender la importancia fundamental de encontrarse consigo mismos, y además si es el caso, -como hijos de sus padres-, lograr la grandeza independiente de cada cual y luego con ello encontrar lo mejor de sus vidas personales y sabias relaciones con sus padres cuando han sido especiales.

Luego, como misión contraria, -como sanos padres y/o madres-, con nuestros hijos, podremos abrirles y hacerles entender lo que es mejor para sus vidas, como ya lo veremos con el manejo correcto que deben tener con todos sus parientes, amigos cercanos, lejanos y en general en el mundo con quienes entrarán en contacto, por trabajo, amistad y conocimientos, y cómo podrán demostrarles la posibilidad de lograr sensaciones claras, una vez que logren encontrarse con ellos mismos y con su espíritu y con ello mostrar desde su fondo su mision clara en la tierra como ya lo explicamos cuando llegamos y encontramos claramente nuestro "Amor Interno". Y de esta manera si les diéramos a entender como padres y madres desde pequeños ésta capacidad para asimilar profundamente este concepto, sus vidas y destinos serían diferentes, como son las de aquellas personas especiales que llegan a triunfar y a ser reconocidas cuando son aún pequeños jóvenes, porque sencillamente han entendido lo mencionado desde muy pequeñitos.

Y es que -para todos-, bajo las diversas posiciones, somos responsables de cada paso que damos en nuestras vidas, por inteligentes, bobos, pícaros, absurdos, incongruentes, incapacitados, brillantes, enfermos, locos, sanos, creyentes, ateos, apasionados, ingenuos, aprovechados, lúcidos, etc. que habremos sido.

Responsables sí, porque aunque busquemos responsabilidad en otros... no es posible y mucho menos sano tratar de hacerlo, porque cada uno independientes de todos, somos responsables de manera personal desde que nacemos. Y aunque podemos buscar disculpas de una u otra manera, ninguna será válida porque fuimos nosotros independientemente los que actuamos o no actuamos, o porque no pudimos entender las circunstancias "particulares" que nos estaban rodeando en ese momento decisivo, o porque no pudimos entender a tiempo, que las circunstancias "particulares" que vivíamos personalmente, se movían junto con el momento que vivía el mundo en que nos movíamos. De cualquier manera al final, salimos cada cual siendo los responsables. Punto que no entendemos algunos sino hasta el gran final de nuestras vidas, porque vivimos la falta real de comunicación interna, limpia, sana y transparente con nuestra alma y corazón.

Posibilidades Adicionales Para Los Adolescentes Jóvenes Como Padres Y Como Madres

E
ntonces cómo es que los Adolescentes y Jóvenes como padres y/o madres, pueden entrar a elegir y llevar correctamente los pasos para sus bebés?

Cuando los Adolescentes Jóvenes son movidos por las básicas pasiones que surgen en sus cuerpos, pasiones que empiezan con atracciones físicas, bien difíciles de manejarlas correctamente, por las creencias guardadas en cada uno de sus -sub-conscientes-, que es el sistema que nos lleva a sacar y manejar lo que nos infiltraron en nuestro cuerpo y cerebro desde antes de nacer, -cuando aún estában en el vientre de sus madres-, significa para algunos la capacidad de estar alertas desde ellos mismos contactados con su corazón cada instante para definir los pasos y la importancia de entender el significado y valor de la paciencia o sabia espera y de la buena actuación, sin soltar nunca la sana energía desde su cerebro con lo que algunos logran los hechos correctos, y otros desafortunadamente confundidos actuan de manera opuesta, como lo veremos.

Esos otros, son efectivamente llevados por sus profundos deseos físicos y esa gran mayoría actúa confusamente, continuando la relación fuerte, que resulta no respetada cuando menos imaginamos quienes estamos al rededor, y por ello, éstos seres jóvenes eliminan facilmente la relación y vienen las separaciones incómodas de dichas parejas. Algunos terminan con gran odio, otros aunque terminan con algo de respeto prefieren no volverse a ver. Y porqué? Porque como Adolescentes Jóvenes solo quieren atender los deseos sexuales y no captan la inmensa necesidad de encontrarse con su alma, su corazón, con su fe, con su total calma para llegar en comunicación con DIOS y entender sabiamente lo que estaban creando con sus vidas.

O sencillamente si no aceptaron ninguna guía sana o limpia se fueron a actuar no correctamente, desde lo cual algunos tienen la suerte de encontrarse con ellos para limpiar sus actividades, pero otros sencillamente siguen creyendo que la mala actuación y los errores los llevan a seguir adelante hasta que llegan a las cárceles o a ser padres cuando no lo esperaban y desde allí es cuando empiezan a entender la importancia de manejarse correctamente desde su mente y corazón para su gran fortuna después de haber vivido profundos dolores.

Y adicional a lo anterior, para otros Adolescentes Jóvenes quienes no tuvieron padres o madres, y no aceptaron recibir guía alguna, pero sí se buscaron interiormente, lograron encontrar en su alma, su sano y limpio "Amor Interno", y lograron quedar plenos con sus vidas para proseguir cualquier situación, tal como podemos ver siempre de la manera más transparente dentro de cada cual.

Y es que los Adolescentes Jóvenes no solamente miran lo que estan viviendo sino lo que vendrá en adelante para ellos y lo que deben afrontar por cualquier errada decision. Por eso, NO pueden olvidar facilmente la sabia decisión de encontrarse y trabajar limpiamente con su "Amor Interno" porque ello poco a poco los lleva a entender la mejor manera de proseguir, limpiar y desarrollar el buen manejo de sus vidas.

Pero si no lo descubren, no lo ven, no lo sienten y se convencen de manera errada de seguir funcionando sin conciencia porque no aceptan la limpieza de sus mentes y corazones y prefieren seguir adelante atendiendo las culpabilidades y olvidando las innumerables limpias selecciones y decisiones con las que podrían seguir sus vidas para llegar a los triunfos verdaderos en muchos sentidos, pero desafortunadamente llegan a encontrarse en sus malos momentos que nadie desea.

Y por ello algunos conforman sus vidas que, nadie desea, hasta que cumplen todos los castigos y dolores no imaginados, y es entonces cuando poco a poco se convencen de la importancia de limpiar sus conceptos, sus mentes, sus acciones y lograr mejores vidas, bajo el manejo de la responsabilidad que a ellos puede llegarles y deben entender desde muy jovencitos y también jovencitas. De forma que sí entran a manejar su responsabilidad pueden hacer los cambios favorables y necesarios para engrandecerse, siempre y que de manera totalmente honesta limpien sus mentes, almas y corazones con real y total honestidad dentro y fuera de sus pensamientos y sentimientos, se re-conviertan de manera clara y limpia con real y total respeto para re-iniciar la vida que todos esperamos, para vivir alertas a lograr la apertura de ojos del mundo entero al mundo espiritual que es algo extraordinario cuando cualquiera de ellos puede lograrlo.

Y cuando finalmente logran este sabio y gran manejo interno espiritual, es cuando efectivamente pueden unidos, tener sus bebés de manera limpia y bien resuelta y unirse a ellos desde el momento en que los están esperando, tal como ya lo entendimos, y manejar sus vidas de la buena mano de su "Amor Interno" y su encuentro maravilloso con DIOS, con quien si lo mantienen sabiamente, logran su mejor relación para vivir lo bellamente positivo de sus vidas y las de sus bebés.

"Amor Interno". Su Descubrimiento, Conocimiento Y Práctica, Nos Cambia La Vida

Cómo podemos descubrir nuestro **"Amor Interno"**?
Después de tratar de entender las confusiones que pueden
vivir hoy todos los seres humanos, desde Adolescentes
y Jóvenes, lo mismo que mayores frustrados, que no se han
encontrado con ellos mismos y que no han recibido ni apoyo
familiar, ni educación profunda en su inicio de vida y tampoco
en su vida de mayores, es grato y muy importante demostrarles
cómo pueden lograr encontrar su real **"Amor Interno"** y con
él encontrar la solución positiva de todas sus vidas.

El **"Amor Interno"** debe ser único, real, verdadero,
limpio, principal, básico y fundamental de todos los amores que
los seres sentimos. Es el principal de todos los sentimientos desde
todas las dimensiones. Es el que nos da la luz de nuestra escencia
divina y es el que nos conecta con DIOS de la mano de Jesucristo
y de la Virgen Santísima, de quienes al entrar realmente dentro
a nuestras almas y nuestros corazones, logramos resoluciones no
imaginadas en cada una de nuestras vidas.

Y a partir de allí, es cuando logramos entendernos, conocernos, aceptarnos y mantenernos claramente y a la vez estar listos para crecer y hacer cambios positivos y fortalecientes. Con este sentimiento único y grandioso podemos ante todo, perdonarnos a nosotros mismos, perdonar a los demás y respetarnos a nosotros mismos y a la vez saber respetar a todos los demás.

Al respecto vale agregar que se entiende que éste proceso no es fácil. Porque a algunos les tomará tiempo entender cómo lograr las dos últimas frases: *-Perdonarnos a nosotros mismos y perdonar a los demás-* y la segunda: *-Cómo respetarnos a nosotros mismos y respetar a los demás-.*

Ya con base en ello, éste **"Amor Interno",** nos rescata en los momentos en que nos parece que no nos está respondiendo la vida que es cuando no entendemos cómo perdonarnos limpiamente y perdonar a los demás y lograr respetarnos limpiamente a nosotros y respetar a los demás.

Es todo un proceso que este **"Amor Interno"** comunicado con nuestra alma y corazón nos lleva a entender si tenemos la limpieza total o no, para perdonarnos y con ellos poder respetarnos igualmente de manera limpia.

Y ambos puntos: perdón y respeto, deben quedar claramente prometidos dentro de nosotros mismos, sabiendo abiertamente que nada de lo que cometimos lo dejaremos volver a entrar a nosotros de ninguna manera.

O sea, ese real perdón y capacidad de respeto internos, es lo que nos saca de las penas, dudas, incertidumbres o cualquier dolor, incluso del dolor físico, tal como lo hemos visto, sentido y ampliamente publicado al inicio de éste, nuestro libro con el que podemos entrar a entender claramente, que pudimos perdonarnos y respetarnos limpiamente desde nosotros para los demás. Igualmente el **"Amor Interno",** nos sirve de alisciente y nos da el balance perfecto para continuar con nuestra alma, corazón, mente y espiritu por el buen camino, o sea por el camino limpio y correcto y de total beneficio para nosotros y para todos los demás.

A lo largo de la vida cuando lo encontramos en nuestro corazón y miramos atrás, entendemos más y más el significado y la trascendencia del **"Amor Interno"**. Lo cual es además, lo que nos debemos a nosotros mismos para aprender a respetarnos directa y limpiamente y una vez analizados y re-confirmados dentro de nosotros, ya podemos de buena forma darlo a conocer a nuestros hijos y con profundo respeto extenderlo a todos los seres con quienes tenemos comunicación, aquellos que amamos e incluso aquellos que no amamos, que es bien importante con quienes debemos tratar y hacerles entender de muy buena y sana manera dicha importancia.

Es el amor con el que llegaremos a entendernos a conocernos y con él: NO juzgarnos a nosotros mismos y tampoco a los demás seres con quienes estemos tratando. Por el contrario si sentimos esos deseos erroneos de juzgamiento negativo, podemos ampliamente con nuestro **"Amor Interno"** encontrar orientación positiva tanto para nosotros como para todos los demás y con ello encontrar maravillosas soluciones para lo que al inicio nos empezó a desconcertar.

Cuando identificamos y encontramos el sano **"Amor Interno"** en nuestro corazón y recordamos el inicio de nuestra vida, al lado de nuestros padres y madres y en general al lado de nuestra familia, es cuando entendemos una y otra vez más el significado y trascendencia de este sagrado **"Amor Interno"**. Y cuando lo entendemos y experimentamos, el cual debemos mantener conscientemente arraigado y vinculado a nuestro ser de manera prioritaria e ininterrumpidamente durante todas las horas de nuestra vida, podemos salir a flote de cualquier daño interno que pudiera llegar a sorprendernos.

Y si efectivamente unimos de la Mano de DIOS a nuestro **"Amor Interno"**, podemos claramente evitar la llegada de cualquier daño, enfermedad u ofensa, porque antes de entrar en cosas negativas vamos ampliados sobre todos los sentimientos positivos que nos solucionan y nos dan respuestas positivas incluso a cosas dolorosas, como pueden ser muertes de familiares o cualquier tipo de ofensas o tragedias no esperadas. Lo cual aunque para muchos no parezca posible, si lo es, si nos dedicamos a entender profundamente, vivir y experimentar lo mencionado.

Los detalles fundamentales de nuestro **"Amor Interno",** como es la claridad y transparencia de lo que hacemos y pensamos, es la profunda y sabia compasión, acatamiento y admiración hacia nosotros mismos y de igual manera hacia todos los demás.

A la vez, vale agregar que el proceso para llegar al fondo de éste sentimiento con el que alcanzamos la felicidad infinita, es por medio de la combinación del Entendimiento Intelecto-Espiritual que logramos con la Meditación y muy especialmente con la Oración, tal como es el Santo Rosario, cuando estamos dispuestos con total complacencia y aceptación a realizarlo una y otra vez, y es aún mejor cuando nos es posible lograrlo diariamente porque con él es que vamos logrando milagros que no habíamos ni siquiera imaginado.

O sea que no se trata de solo tener la intención sino de acomodarnos con nuestro real **"Amor Interno"** a cualquier cosa que nos manda DIOS y ante ello, sentimos las claras y maravillosas respuestas.

Seguramente algunos de nuestros lectores están pensando que efectivamente era, a lo que necesitaban acceder y saber cómo lograrlo. Y al respecto, los siguientes son los puntos básicos y fundamentales con los cuales podremos encontrar de manera sana, real, profunda y verdadera nuestro **"Amor Interno".** Y para lograrlo de la mejor manera entremos a entender el **Entendimiento Intelecto-Espiritual** con el que nos encontraremos también de la mano de nuestra **FE,** lo cual como lo veremos, igualmente es de gran importancia, es fundamental.

Entendimiento Del
-Intelecto-Espiritual-

Para lograr el total y profundo **Entendimiento Intelecto-Espiritual** con el que traemos nuestro sano y real **"Amor Interno",** debemos unirnos y adueñarnos de nuestra concentración única y personal.

Y cómo es posible lograrlo? Al analizar primero el **Intelecto** y luego la **Espiritualidad**, lograremos abrir nuestra mente y llevarla a nuesto CORAZÓN para alcanzar lo mejor de cada uno de nosotros. Veamos.

ENTENDIMIENTO DEL INTELECTO. En cuanto al Intelecto, que está basado en la palabra Facultad que es el poder, el derecho, la aptitud y la capacidad para lograr lo que deseamos, dicha Facultad de nuestra mente nos permite aprender, entender, razonar, tomar decisiones y formarnos una idea determinada de la realidad, con la cual entramos a nuestro Intelecto, que es la potencia cognocitiva racional de cada ser humano con lo que logramos el profundo entendimiento tanto del hombre como de la mujer, quienes ya con la capacidad de entender dicha unidad de nuestra Facultad hoy llamada Intelecto, estamos listos para pasar de lo Individual a lo Universal y Viceversa.

(Solo para información vale agregar que la palabra Facultad significa también a la vez y de manera material, una sub-división de universidades, que corresponde a una cierta rama del SABER. En dicha Facultad se enseñan carreras determinadas y el conjunto de éste tipo de Facultades, forman el total de cada Universidad).

Luego, cuando nuestra Facultad o Intelecto entra en nuestra mente emocional, se considera como -**Inteligencia Emocional, creatividad y comunicación para lograr nuestro éxito-.** A la vez todos tenemos un coeficiente de inteligencia, unos más alto que otros, pero todos lo tenemos y si no lo hemos perdido desde la infancia hasta la adultez, es importante entender que de éste coeficiente depende el manejo de nuestros logros para el éxito de nuestras vidas.

ENTENDIMIENTO DE LA ESPIRITUALIDAD. En cuanto a la Espiritualidad; para empezar, ésta supera al ego, por lo cual es algo extraordinario. Para muchos significa religiosidad, pero no es el caso, porque todos los seres en el mundo llevamos la Espiritualidad en nuestro corazón, aunque algunos no sean creyentes, que es porque no han entrado, no han llegado al fondo de sus almas y corazones y es posible que les llegue un día o que lastimosamente se vayan ausentes de ellos mismos. Pero para los que lo sentimos, lo entendemos y lo somos, es el punto desde donde logramos lo grande, sano, limpio y perfecto de nuestras vidas cuando lo deseamos.

La Espiritualidad la encontramos cuando cerramos nuestros ojos y nos miramos hacia adentro y utilizamos todo lo bueno que deseamos, logrando lo más hermoso con que debemos manejar nuestras vidas como es lo limpio, lo claro, lo sano lo equilibrante, lo moderado por medio de lo cual podemos manejar facilmente nuestro Intelecto y contactarlo maravillosamente con nuestra Espiritualidad, llegando con ello realmente a gozar del **Entendimiento Intelecto-Espiritual,** lo cual desarrolla y engrandece de la mejor manera nuestro verdadero **"Amor Interno".**

Nuestra Fe

*N***UESTRA FE.** Que es sana y real, efectiva y grandiosa la podemos analizar con las palabras del apostol Pablo quien nos enseñó que la **FE** es: "La certeza de lo que se espera y la convicción de lo que no se ve". Igualmente dijo: "Si teneis **FE** teneis esperanza en cosas que no se ven pero que son verdaderas".

Al respecto vale agregar lo que significa **La FE** según la Biblia: "**La FE** es la expectativa segura de las cosas buenas que se esperan y la demostración evidente de nuestras realidades aunque antes no las habíamos contemplado".

Como vemos, **La Fe** es el inicio de acción y del buen poder. Cuando nos esforzamos por alcanzar una meta digna, estamos ejerciendo **La FE** al demostrar nuestra esperanza en algo que aún no podemos ver, pero que podemos gozar por nuestro **"Amor Interno",** con el **Entendimiento Intelecto-Espiritual** dentro de nuestro gran CORAZÓN y nuestra bella ALMA.

Y debo agregar que cuando tenemos **La FE de la mano de Nuestro Señor Jesucristo,** con nuestra sabiduría y sentimientos plenos de amor infinito con la certeza de que él existe, habiendo entendido todo el dolor y aflicciones que experimentó en la tierra, debemos recordar con total amor que él venció al mundo y nos preparó el camino para que, quienes en él creemos, recibamos la vida eterna. Adicional, podemos recordar que nos pidió: **"Elevad hacia mi todo pensamiento, no dudeis, no temais".** Si lo seguimos de verdad, él sabe cómo ayudarnos a superar las dificultades del día a día y lograrnos a cada uno nuestra salvación.

Y es que una vez que plenamente lo descubrimos dentro de nosotros, es porque con nuestra profunda respiración lo llevamos dentro de nuestro CORAZÓN, con lo cual estamos a total salvo bajo cualquier cicunstancia en nuestras vidas, siempre que sintamos que estamos de la mano de él, de DIOS.

Y algunos pueden estar pensando... eso no es verdad... Pero ellos, lastimosamente están profundamente confundidos. Porque bien vale aclarar que incluso cuando sentimos que tenemos la **FE** sana en nuestra ALMA y nuestro CORAZÓN y las cosas no salen como nosotros esperábamos, es justamente por algo que no nos convenía. O sea que no debe haber ira o furia porque eso que queríamos no salió. Todo lo contrario, es el momento de volver a analizar desde el propio inicio hasta el momento que vivimos y allí es cuando descubrimos y ampliamente podemos expresar: Ahhhh esa fue la razón! Y con ello, podemos re-iniciar ese deseo con que habíamos empezado y que efectivamente nos dimos cuenta que no lo habíamos iniciado limpiamente...

Y al respecto vale agregar, si por alguna razón no logramos de nuevo el resultado que deseábamos y lo repetimos y tampoco sale como lo esperábamos, es porque ese deseo no es favorable para nosotros y porque al analizarlo cada vez, profundamente surgirá el real entendimiento de nuevas y mejores ideas para engrandecer nuestras vidas de acuerdo con nuestra sana **FE,** entendiendo que vamos hacia adelante de la mano de **DIOS.**

Y es bien importante gozarla y entenderla positivamente, porque tal como la vida nos trae con el gran apoyo de nuestra sana y limpia aceptación de nuestro gran **"Amor Interno"**, podremos seguir el camino con todo lo nuevo que nos llegará a nuestra ALMA, MENTE, ESPIRITU y CORAZÓN.

Así, con nuestra **FE** en nuestra ALMA, nuestro ESPIRITU y CORAZÓN, sigamos repitiendo profundas, sanas y limpias respiraciones dándonos especial apoyo a todos nuestros sanos y limpios sentimientos y pensamientos con los que deseamos llenar sabiamente nuestro CORAZÓN. Cada repetición será de inmensa importancia porque crecerá nuestra perfecta fuerza interna siempre que llevemos los más limpios pensamientos a nuestra ALMA y CORAZÓN para seguir desde allí la buena y mejor parte de nuestras vidas!

Cuando sentimos que en efecto tenemos nuestros sanos y limpios sentimientos y pensamientos desde nuestro CORAZÓN, es cuando podemos hacer nuestro contacto con Jesucristo, con la Virgen Santísima y con **DIOS** directamente, y ellos nos ayudan a guardar todo lo positivo en nuestra ALMA y en éste momento es cuando sentimos, que estamos plenos y claros con nuestro sentimiento de **"Amor Interno"** real por medio del cual ya podremos hacer cualquier perfecta planificación para seguir de la mejor manera el buen manejo de nuestras vidas, amando igualmente a todos los que nos rodean.

Tal como ya lo expresamos inicialmente al respecto, vale aconsejar que debemos hacerlo cada día cuando abrimos los ojos en la mañana porque con éste buen logro, quedamos listos y fuertes para iniciar el nuevo día y con él, ir mejorando nuestros días y todo lo que nos rodea.

Y en efecto es allí cuando ya unidos a **DIOS**, es que podemos llegar claramente a nuestro CORAZÓN, encontrarlo limpio y con nuestra mente apoyarnos para empezar a sentirnos fortalecidos, reforzados, altamente inteligentes y claramente dirigidos. Cuyo resultado es exactamente ese que esperábamos desde siempre, porque empezamos a sentir la plenitud, felicidad y tranquilidad total que siempre habíamos deseado y las ideas nuevas y maravillosas que surgen para que procedamos con nuestras buenas e inteligentes acciones para nosotros y para todos los demás con quienes podemos compartir lo que ahora sentimos y vivimos.

Dos Consejos Especiales: El primero es, si contrariamente surge algún sentimiento negativo podemos limpiarlo con nuestra profunda respiración sacándolo desde nuestro CORAZON hacia afuera porque ya estamos de la Mano de **DIOS** y cuando creemos en él, él puede ayudarnos sin duda alguna a limpiar cualquier detalle negativo que nos llega a nuestra mente. Y lo segundo es que si el sentimiento negativo nos aparece en nuestra Meditación y Respiración diaria, lo cual estaremos analizando más adelante, debemos repetir la búsqueda del **-Entendimiento Intelecto-Espiritual-** no solo cada mañana sino también desarrollarlo en la noche antes de dormirnos para poder limpiar clara y realmente nuestros sentimientos y pensamientos. Y al respecto vale agregar, que si logramos nuestra Oración y la mejor de ellas, como es orar nuestro Santo Rosario cada día, éste bello esfuerzo, nos limpia fácil y claramente todos nuestros sentimientos negativos y quedamos plenos con nuestro **-Entendimiento del Intelecto-Espiritual-** y nuestro **"Amor Interno"**.

A la vez es entendible que muchos jóvenes no se interesan por orar el Rosario todos los días, pero pueden en su lugar, orar un Padre Nuestro, una Ave María y un Gloria, asistir a nuestra Santa Misa cada Domingo y con ello, se van acercando a Dios igualmente de manera sorprendente y maravillosa.

Estos son puntos que nos hacen reflexionar a fondo. Primero porque creíamos que ya habíamos entendido la vida y que lo que no conseguíamos hasta la fecha, era por culpa del uno y del otro. Pero, esto no es así, porque la culpa es sencillamente NUESTRA, por falta de nuestro entendimiento y de nuestro sentimiento básico. Y ésto lo entendemos solo cuando logramos obtener nuestro **"Amor Interno"** y nuestra **FE** de la Mano de **DIOS**, porque es cuando nos llega que todo lo que deseamos vivir, lo podemos lograr desde nuestro bien.

Primero porque entendimos finalmente que no vinimos a este mundo a juzgarnos negativamente ni a juzgar sin buen sentido a todos los seres a nuestro alrededor, porque podemos entender ahora que eso es una defensa inconsistente que bien podemos aclararla y limpiarla en nuestra mente una vez que hemos entendido desde nuestra **FE** el **-Entendimiento Intelecto-Espiritual-** de la Mano de **DIOS** con nuestro **"Amor Interno"**. Y así es que desde nosotros mismos podemos clara y sencillamente desear para nosotros y para todos los seres que conocemos, lo claramente positivo.

Y al respecto vale agregar, que si el total del mundo pudiera entender lo explicado, claramente positivo y unirse a su gran, verdadero y efectivo **"Amor Interno",** para actuar de sana manera, el mundo estaría bien positivo, limpio sin juzgamientos u opiniones en lugar de vivir lo que muchos viven en el mundo de hoy, que desde nuestro libro les deseamos que entren a sus almas de manera limpia y podrán, -si actuan de manera correcta y sana-, hacer cambios extraordinarios en sus vidas.

Intelecto-Expiritual De La Mano Del Amor Interno Crea Además La Responsabilidad Profunda Interna Y Eterna

C omo todos sabemos hay cientos y miles de psicólogos, neurocientíficos y biólogos, quienes atraídos por el tema re-iniciaron de una manera profunda sus investigaciones sobre sus mentes, pero muy pocos de ellos han entrado al fondo del **Intelecto-Espiritual** de sus almas y corazones y por ello han seguido variedades de seguimientos para sus vidas con sentimientos que conjuntamente pueden lograr gratos resultados pero solo intelectuales y dificilmente espirituales y por ello es que algunos grandes profesionales no pueden cambiar radicalmente sus vidas.

Cómo pueden intentar y lograrlo?

Cuando entendimos profundamente nuestro **Intelecto-Espiritual** siguiendo y logrando los pasos previamente explicados, no habíamos contemplado que para completar espiritualmente nuestro real y perfecto **"Amor Interno"** debíamos sin duda habernos llenado de **Responsabilidad Profunda e Interna** porque con ella es que logramos entender y sentir de mejor manera nuestro único y fundamental **"Amor Interno"** con la presencia de **DIOS**. Ya que con su escencia divina incrustada en nuestro profundo CORAZÓN, es que podemos, cualquier día, cualquier hora, cualquier minuto o segundo, dirigirnos de la más sana manera para realizar lo bueno, lo importante, lo limpio con todas las personas a nuestro alrededor con resultados únicos para nuestra vida eterna.

Y obviamente vale agregar que tal como lo sabemos ahora, puede aún no ser tan fácil para otros lograrlo. Especialmente para aquellos que no alcanzaron el proceso interior individual, que conlleva profundos gratos deseos con tiempo y avenidas diferentes obteniendo lo claro y realmente limpio de parte de cada cual. Porque todos independientemente llegamos cargando en nuestro sub-consciente lo aprendido desde nuestro nacimiento, tal como lo expresamos inicialmente, bueno, regular o malo para cada cual que implica y explica las inmensas diferencias y limitaciones inesperadas que vivimos cada uno. Y cuando queda lo regular y malo que es cuando no lograron limpiarlo tal como ya lo explicamos, por ello deben acojerse a la tarea especial de responsabilizar profunda e internamente su **"Amor Interno"**, con cada uno de los detalles, que es cuando logramos todo lo que necesitamos para lograr lo mejor de nuestras vidas.

Por lo general, aquellos que creen saberlo todo, en éste caso no solo jóvenes sino igualmente mayores, son los que demoran más para conocer su entendimiento espiritual interno. Son aquellos que a la vez, sienten un poco de rechazo sobre el tema, creyendo que con lo que conocen sin entrar a su espiritualidad estan suficientes y plenos. Pero igualmente a cada cual le llega su momento de necesidad y cuando ésto surge en cualquiera de ellos, es cuando pueden entenderlo profundamente y para eso felizmente como lo sabemos hoy con nuestro positivismo, podemos expanderlo gratamente al mundo, pero llega solo a quienes queremos entenderlo y solo a quienes experimentamos que entendimos nuestro **Intelecto-Espiritual** personal de manera profunda conjuntamente con nuestra comunicación de nuestro **"Amor Interno"** de la Mano de **DIOS.**

Y bien vale agregar que nuestro **DIOS** quiere que todos sepamos, que a partir de este momento vamos a empezar a resucitar muchos sueños que algunos creíamos ya muertos. Porque en efecto, no los habíamos logrado en años pasados que tanto los anhelabamos, porque sencillamente **DIOS** estaba esperando nuestra real maduración tanto Intelectual como Espiritual. De forma que lo que algunos creyeron que era **DIOS** que los alejaba, ahora, con su nueva limpia creencia del buen manejo del **"Amor Interno"** de la Mano de **DIOS**, él los va a sorprender a cada uno, que logre grande y maravillosamente el buen manejo de las puertas de su CORAZÓN, donde cada cual, ha unido su **FE** con la fuerza positiva de su ALMA desde lo cual sin duda esa persona entrará en la felicidad de su real **"Amor Interno" desde donde logrará Milagros Especiales no Imaginados.**

Y ahora entremos en el logro de una buena **Respiración** y con ello el desarrollo diario de la sabia **Meditación** en la que llevaremos todos los puntos mencionados y nuestro verdadero y glorioso **"Amor Interno"**, con el que logramos efectivamente la respuesta a nuestra responsabilidad profunda, Interna y Eterna.

Meditación, Con Que Bien Logramos Total Realización Desde Nuestro Amor Interno, Con Gregg Braden En Inglés Y Miguel Sejnaui En Español

La **Meditación** que es considerada como nuestra autocuración, efectivamente nos proporciona mayor consciencia y creatividad, nos estimula y refuerza las zonas del cerebro para llevarnos a la paz interna y a nuestra felicidad, ya que aumenta nuestra conciencia intelectual e incluso nos estimula el sistema inmunológico, entre otras ventajas que podemos desarrollar que bien necesitamos todos y todas para nuestras vidas.

Vale agregar que la **Meditación** es generada individualmente por lo que cada ser desea para sus vidas, tal como es la creada por el extraordinario y maravilloso científico – espiritual Gregg Braden, que con gusto les presentamos a continuación para desarrollarla cada día que podamos, basándonos en lo siguiente como él lo menciona:

"La Meditación es una simple experiencia para despertar nuestro corazón, nuestra mente y nuestros pensamientos. Nadie necesita nada complicado, solo los siguientes tres puntos: 1ro. Cerrar nuestros ojos y enfocar nuestra mente y corazón y respirar profundamente. 2do. Mientras respiramos, abrir nuestra palma de la mano y traerla a tocar nuestro corazón para abordar nuestros especiales sentimientos como son: GRATITUD – APRECIO – CUIDADO y COMPASIÓN y repetir cada vez más para unirnos a ellos y empezar a sentir en nuestro 3er orden, todo lo positivo que la GRATITUD – APRECIO – CUIDADO y COMPASIÓN, nos traen cada vez más y más, con lo cual aumentamos nuestro buen entendimiento, nuestra sanación física y nuestra sana vida espiritual logrando nuestras mejores vidas. Una vez que lo sentimos podemos abrir nuestros ojos de nuevo y seguir sintiendo todo lo positivo que necesitamos para cada instante de nuestra existencia".

Meditación creada y entregada al mundo por Gregg Braden, la cual podemos escuchar desde Hay House.

Y si queremos escuchar otras especiales **Meditaciones** en Español, recomendamos a **Miguel Sejnaui,** quien es un jóven concentrado en lo mejor que podemos obtener unidos a **DIOS**, a quien también especialmente recomendamos. Él interpreta sabiamente diversas formas de **Meditaciones** con total ayuda para todos los seres humanos latinos y lo pueden encontrar en éste enlace: https://www.youtube.com/watch?v=UuyZz3pgbac

Para Que Llegamos A Ésta Tierra...

Al respecto hay cientos de preguntas relacionadas para saber claramente porqué vinimos a ésta tierra, todos de manera diferente pero con iguales y sabias soluciones como lo hemos expresado.

Todos y todas desde cualquier creencia y religión tenemos diversas respuestas a cada pregunta, pero de ellas la pregunta más importante de todas es la que nos surge el día que sentimos y encontramos la razón de saber: **Para que llegamos a ésta Tierra.**

Porque sencillamente es cuando nos entendemos a fondo lo que es estar de la mano de Jesucristo, la Virgen Santísima y enseguida gozar nuestra comunicación profunda y total con **DIOS**".

Otros, no creyentes, algunos desafortunadamente, pueden llevar el dolor del mundo que es la causa de la sobervia humana quienes optan y comparten con quienes se comunican el mal de sus malos caminos y lo más triste, que se llenan con todos sus malos deseos dentro de ellos mismos y terminan así sus horrendas formas de vidas.

Y a la vez otros no creyentes, pero básicamente positivos, son seres que están abiertos a ayudar a las personas pero no se basan en ninguna religión, solo viven por sus creencias positivas que en cualquier día de sus vidas los llevarán a entender la importancia de **DIOS**, para terminar de la mejor forma su existencia.

Y quienes gozamos nuestra comunicación especial con **DIOS**, entendemos TODO, lo que vivimos cuando llegamos a éste mundo, cuando de jóvenes cometimos lo NO esperado pero logramos hacer los cambios necesarios, cuando aprendimos el logro de la aceptación de nuestra familia y de cientos de amigos creyentes e incluso no creyentes de quienes esperamos -de éstos últimos-, sus reales, claras e incluso sanas respuestas. Es tanto lo que nos muestra nuestro corazón abierto conectado con la verdadera voluntad de **DIOS**, que es cuando finalmente podemos transmitir todo lo bueno incluso, desde antes de lograr, todo lo que si y no habíamos captado. Entonces de qué se trataban las fallas de los logros pequeños e incluso gigantes que no nos llegaban? De algo positivo y nunca negativo; punto que en un momento especial aparece ante nosotros la respuesta de **DIOS**, de quien sentimos y entendemos dichas razones plenamente correctas.

Y para aquellos que no lo han logrado. Todo lo anterior nos indica la importancia fundamental de estar atentos y alertas para poder aceptar sin resquemores, de lo que realmente nosotros somos responsables a cada paso que damos en la vida. O sea, que para nuestras acciones de mayor importancia, si somos padres o madres y logramos traer bebés a ésta tierra, debemos amarlos entregándoles nuestras 24 horas, de manera sana, clara, limpia e inteligente con todos nuestros especiales conocimientos, para lograr lo mejor de ellos y de parte de nosotros que podamos ver, sentir y experimentar nuestros gratos y efectivos resultados que ellos pueden lograr por y con nuestras limpias orientaciones.

Así, cuando nacemos, si tenemos la suerte de llegar de parte de bellas parejas de padres y madres, podremos saber si así lo son, cuando crecemos conectados y bien comunicados con cada uno de ellos dos.

Y algunos nos demoramos entendiéndolos y pasan los años y aunque tenemos gran comunicación con nuestros padres y a la vez posiblemente no estamos de acuerdo en cientos de detalles pero igualmente los respetamos, ellos se pueden ir y nunca hablamos con ellos al respecto, pero en nuestras mentes y corazones, sabemos y sentimos lo que hubieran haber sido sus positivas respuestas.

Y es que la vida la creamos cada uno, con nuestras reacciones y respuestas, de forma directa o in-directa, y si siempre estamos comunicados con nuestros padres, con nuestros abrazos y amor que nos unen desde nuestros corazones, podemos compartir todo lo bueno con ellos y lograr las mejores decisiones para nuestras vidas y las de ellos igualmente. Y de ésta forma es que poco a poco podremos algunos, lograr lo mejor y totalmente necesario en nuestras vidas desde nuestro real y especial contacto con **DIOS.**

Y a qué nos referimos al respecto? A detalles únicos que nos llegan de manera especial. Pero debemos saber que no es solo pensando que podemos cumplir con nuestros sentimientos o con la religión a la que pertenecemos, -sobre las cuales vamos a analizar a continuación-, sino cómo y cual es nuestro real contacto, comunicación y respuestas que recibimos de **DIOS** y la **VIRGEN SANTÍSIMA,** lo que sin duda quienes lo viven, totalmente lo entienden y quienes no lo viven pueden abrir sus ojos para encontrar su grata solución para seguir de la mejor manera sus vidas.

Religiones

El **Cristianismo.** De todas las religiones del mundo, es la que cuenta con más seguidores, un tercio de la población mundial practica fieles al cristianismo, que viene desde el judaísmo. En la religión cristiana se reconoce la figura de Jesucristo como hijo de Dios, fundador y Mesías de la religión cristiana. Cristianismo es el nombre con el que se conoce la religión fundada por Jesús en Jerusalén.

El Catolicismo. Es la corriente más antigua de la religión cristiana, y es formada por la Iglesia Católica Apostólica y Romana. En ésta fe los creyentes creen en Jesucristo igualmente y en un único DIOS, omnipotente, eterno, justo y misericordioso que creó al hombre y a la mujer a su imagen y semejanza con inteligencia y capacidad para amar. Y vale agregar que para ser un buen católico hay que cumplir los 10 Mandamientos que DIOS entregó a Moisés para encontrar la salvación y la vida eterna en el Cielo. La figura principal del catolicismo es por medio del Papa, es la cabeza de los Obispos y sucesores de San Pedro. El Papa vive en el Vaticano. Los fieles Católicos unidos al

Cristianismo están repartidos por todo el mundo y es la religión más extendida.

El Judaísmo. Es una de las religiones del mundo más antigua. El judaísmo se caracteriza por creer en un Dios omnipotente, omnisciente y providente que eligió al pueblo judío para revelarle la ley en los Diez Mandamientos y las prescripciones rituales en los libros tercero y cuarto del Torá. Los principios y directrices que aparecen en estos libros junto a la tradición oral constituyen la guía de vida de los judíos

El Protestantismo. Corriente religiosa cristiana que tuvo su origen en las ideas del alemán Martín Lutero en el siglo XVI; se caracteriza por creer que la salvación no depende de las obras sino de la fe y por considerar la Biblia como la única fuente de todas sus enseñanzas; la cual defiende la igualdad esencial de todos los miembros de la Iglesia y solo tiene dos sacramentos, el bautismo y la eucaristía.

El Islam. Es una religión monoteísta que basa sus creencias en un libro, el Corán. Este libro es sagrado para los fieles del islam que creen que un Dios lo envió a través del profeta Mahoma. Los seguidores de la religión islámica, conocidos como musulmanes, creen fielmente en los escritos del Corán y creen que Mahoma fue el último profeta enviado por Dios a la tierra. El islam es una de las religiones del mundo con gran cantidad de fieles y ocupa el segundo lugar con un 20% de su población.

Y hay otras creencias como son el Hinduismo y el Budismo que son movidas de manera psicológica y filosófica, pero no relacionadas con nuestro especial corazón ni con nuestro **DIOS**, por lo cual podemos conocer algunos efectos positivos mentales cuando obran de manera sana para sus vidas con practicas como son especialmente los Budistas que incluyen actividades como: limosnas, moral sana, paciencia, buena energía, bondad, caridad y amor al prójimo. Y tienen cinco grandes prohibiciones como es: matar, robar, adulterio, mentir y el embriagarse. Además, también establecen diez pecados capitales como son: el asesinato, el robo, la fornicación, la mentira, la maledicencia, la injuria, la charlatanería, la envidia, el odio y el error dogmático. Por ello son seres limpios que tratan de hacer el bien, pero que la diferencia es que solo algunos de ellos creen a la vez en Jesucristo y en **DIOS.**

En cuanto al **Catolicismo** podemos ver que es lo más grande, grato e importante que podemos vivir y seguir, cuando sentimos y creemos en la presencia de Jesucristo y **DIOS** en nuestro espíritu, nuestras mentes y nuestros corazones. Con respuestas únicas e impactantes como son los evangelios diarios, que podemos gozar y sufrir y a la vez reaccionar positivamente para entender la religión desde nuestra profundidad, desde donde quedamos listos para vivir lo mismo que para morir con la mayor y total plenitud y felicidad de nuestros días, conscientes a la vez, de los 10 bellos Mandamientos que **DIOS** nos envió, tal como son:

1° **Amarás a Dios sobre todas las cosas.**
2° **No tomarás el Nombre de Dios en vano.**
3° **Santificarás las fiestas.**
4° **Honrarás a tu padre y a tu madre.**
5° **No matarás.**
6° **No cometerás actos impuros.**
7° **No robarás.**
8° **No dirás falsos testimonios ni mentirás.**
9° **No consentirás pensamientos ni deseos impuros.**
10° **No codiciarás los bienes ajenos.**

Es grato recordar nuestros Mandamientos que no sobra leerlos cada vez que podamos, especialmente para poder recordarlos a nuestros Adolescentes Jóvenes que tanto queremos darles lo mejor en conocimientos y experiencias profundas para que logren unirse y encontrarse con sus propios corazones y mejoren vidas, una vez que captan la importancia de encontrarse con ellos mismos y con su especial **"Amor Interno"**, que ya conocimos cómo encontrarlo sabiamente.

A continuación gozaremos de nuestro Santo Rosario que si lo logramos nos cambia la vida de principio a fin.

La Razón Milagrosa De Nuestra Santa Misa Y Nuestro Santo Rosario

Habíamos mencionado la posibilidad de lograr facilmente una Oración como puede ser el Padre Nuestro, una sencilla Ave María y la Gloria, que la gran mayoría de lectores ampliamente conocen. Y además la Razón Milagrosa es posible junto con NUESTRA SANTA MISA de cada domingo, cada semana y al unir el logro de NUESTRO SANTO ROSARIO, lograremos mayor y permanente comunicación real y verdadera para engrandecer nuestras vidas en todo lo que deseamos.

Al respecto bien vale la pena conocerlo y orarlo cada vez que podamos y mejor aún cada mañana, tarde o noche en el momento que logremos dedicar cada día porque con ello, es cuando empezamos a reconocer y recibir cosas especiales no imaginadas para re-organizar de la mejor manera nuestras vidas, como son Milagros que no habíamos soñado.

Cómo y porqué? Porque cuando nos concentramos desde nuestra alma y corazón en lo que significan las palabras de las

Oraciones Padre Nuestro, Ave María y Gloria, más los Misterios dedicamos a JESUS, a DIOS y a la VIRGEN SANTISIMA, podemos como sorpresa especial, recibir ante todo felicidad interna no imaginada, con satisfacciones no esperadas con las que podemos empezar o seguir nuestro día de una manera especial, facilitando detalles a nuestras familias y a nosotros mismos.

Para recibir Milagros especiales, tal como ya lo expusimos real y claramente al inicio de nuestro libro, son los Milagros que muchos no creíamos posibles, pero que uno a uno pueden surgir facilmente con profundas palabras cuando oramos con nuestro expresivo amor NUESTRO SANTO ROSARIO. Y vale agregar que jamaz habíamos alcanzado a entender dicha posibilidad que es real, o aceptar cómo lograrlo, pero que una vez que concentradamente lo llevamos a cabo con gran amor y dedicación, aparecen y surgen resueltas las más difíciles circunstancias, sorprendiéndonos con los más gratos y especiales resultados. Y lo expresamos, porque es un hecho, siempre que lo hagamos de la forma más clara, real, limpia y concentrada. Por ello los invitamosa llevarlo a cabo.

Santo Rosario

PADRE NUESTRO que estás en el Cielo, Santificado sea tu Nombre, Venga a nosotros tu Reino y hágase tu Voluntad así en la Tierra como en el Cielo. Danos hoy nuestra pan de cada día y perdona nuestras ofensas como nosotros también perdonamos a quienes nos ofenden y no nos dejes caer en la tentación y líbranos de todo mal, Amén.

DIOS TE SALVE MARÍA, llena eres de Gracia, el Señor es contigo, Bendita eres entre todas las mujeres y Bendito es el fruto de tu vientre **JESÚS**. **SANTA MARÍA,** Madre de **DIOS**, ruega por nosotros pecadores ahora y en la hora de nuestra muerte. Amén.

GLORIA al Padre, al Hijo y al Espiritu Santo, como era en el principio ahora y siempre por los siglos de los siglos, Amén.

Tu vida puede cambiar maravillosamente con el Amor a DIOS y a la Virgen Santísima cuando oras el SANTO ROSARIO

MISTERIOS GOZOSOS
- Lunes y Sábados

- **Primer Misterio:** La Anunciación y Encarnación del Hijo de Dios en las Purísimas Entrañas de la Virgen María.
- **Segundo Misterio:** La Visitación de María Santísima a su Prima Santa Isabel.
- **Tercer Misterio:** El Nacimiento del Niño Jesús en el pobre y humilde portal de Belén.
- **Cuarto Misterio:** La Purificación de la Virgen María y Presentación del Niño Jesús en el Templo.
- **Quinto Misterio:** El Niño Jesús perdido y hallado en el Templo.

Cuando aceptas y recibes su LUZ resplandece tu vida...

MISTERIOS DOLOROSOS - *Martes y Viernes*

- **Primer Misterio:** La oración de Jesús en el huerto de Getsemaní.
- **Segundo Misterio:** La flagelación de Jesús, atado a la columna.
- **Tercer Misterio:** Jesús es coronado de espinas.
- **Cuarto Misterio:** Jesús con la cruz a cuesta, camino del Calvario.
- **Quinto Misterio:** La crucifixión y muerte de Jesús.

Con tu espiritual, profundo y diario Rosario recibes aquello que no imaginabas...

MISTERIOS GLORIOSOS
- *Miércoles y Domingos:*

- **Primer Misterio:** La Resurrección de Nuestro Señor Jesucristo.
- **Segundo Misterio:** La Ascensión del Señor al Cielo.
- **Tercer Misterio:** La Venida del Espíritu Santo sobre el Colegio Apostólico.
- **Cuarto Misterio:** La Asunción de Nuestra Señora al Cielo.
- **Quinto Misterio:** La Coronación de la Virgen María como Reina del Universo.

Tu vida entra en esa etapa que no creías que te llegaba...

MISTERIOS LUMINOSOS – *Jueves*

- **Primer Misterio:** El bautismo de Jesús en el río Jordán.
- **Segundo Misterio:** Jesús y María en las bodas de Caná.
- **Tercer Misterio:** Jesús anuncia el Reino de Dios e invita a la Conversión.
- **Cuarto Misterio:** La transfiguración de Jesús en el monte Tabor.
- **Quinto Misterio:** La Institución de la Eucaristía.

Dos bellas oraciones cuando terminamos cada Misterio:

— María, Madre de Gracia y Madre de Misericordia
En la Vida y en la Muerte Ampáranos Gran Señora
No te olvides de Nosotros en Aquella última Hora
Virgen Santísima, Madre de Dios y Abogada Nuestra-.

— Oh, mi Buen Jesús,
Perdona Nuestros Pecados
Líbranos del fuego del infierno
Lleva Todas las Almas al Cielo
Especialmente a las más Necesitadas de tu Infinita Misericordia-.

Oración final de nuestro Santo Rosario

Dios te salve, Reina y Madre de misericordia, vida, dulzura y esperanza nuestra; Dios te salve A Ti llamamos los desterrados hijos de Eva; a Ti suspiramos, gimiendo y llorando, en este valle de lágrimas. Ea, pues, Señora, abogada nuestra, vuelve a nosotros esos tus ojos misericordiosos; y después de este destierro muéstranos a Jesús, fruto bendito de tu vientre. ¡Oh clemente, oh piadosa, oh dulce siempre Virgen María!

Ruega por nosotros, Santa Madre de Dios, para que seamos dignos de alcanzar las divinas gracias y promesas de Nuestro Señor Jesucristo. Amén

Virgen Divina, Ilumina mi Alma, mi Corazón y mi Espiritu, mis Pensamientos, Decisiones, Emociones y Palabras, para obrar de la Mejor Manera cada Segundo de cada día, que tú me das.

El más importante Evangelio de cada año. San Lucas 24 del 46 al 53:

l Hijo Amado de Dios Padre.
"Después de resucitar se apareció Jesús a los discípulos y les dijo: La escritura dice que el Mesías debía sufrir la muerte y resucitar al tercer día y que en su nombre se hará en todo el mundo un llamado al arrepentimiento para obtener el perdón de los pecados. Comenzando desde Jerusalén deben dar testimonio de éstas cosas. Ahora yo les voy a enviar lo que mi Padre les tiene prometido, quédense en la ciudad hasta que sean revestidos del Poder Celestial. Luego los sacó a Betania, levantó las manos y los bendijo y mientras los bendecía se alejó de ellos y fue subiendo al Cielo. Ellos se arrodillaron para Adorarlo y después se volvieron llenos de alegría a Jesusalén y estaban contínuamente en el Templo Alabanza a DIOS. Palabra del Señor".

PARA QUIENES PREGUNTEN PORQUE NANCY HA ESCRITO TODO ESTO? RESPUESTA

Después de una bella misa con el Padre Chris Robinson, en la Iglesia de St. Vincent De Paul en Chicago, empecé a conversar con Jesús tal como lo hacía en años anteriores y contemplando el Bello Altar de ésta iglesia, de un momento a otro, sentí que Nuestro Señor Jesucristo en su Cruz vino a mi corazón para quedarse conmigo y fue tal mi emoción que lloré de Felicidad y a partir de ese momento y ese día, mi vida cambió, por medio de lo cual LES DESEO A TODOS QUE SIGAN MI EJEMPLO PARA LOGRAR LO MEJOR DE CADA UNA DE SUS VIDAS!!!

AGRADECIMIENTOS ESPECIALES
A NUESTRO GRANDIOSO DIOS, JESUCRISTO, ESPIRITU SANTO Y A NUESTRA SANTÍSIMA VIRGEN MARÍA

A: MIS ABUELOS - MI PADRE Y MI MADRE
A: MIS HIJOS / HIJA Y SUS FAMILIAS
A: MIS NIETOS Y BISNIETOS
A: MIS HERMANAS Y SOBRINOS/AS
A: CIENCIA Y ESPIRITUALIDAD
A: SAINT VINCENT DE PAUL CATHOLIC CHURCH
A: THE NATIONAL SHRINE OF SAINT FRANCES XAVIER CABRINI
A: PAPA FRANCISCO - ACIPRENSA
A: SPANISH PUBLIC RADIO / PRESIDENTE Y PRODUCTOR
A: SR. MIGUEL SEJNAUI
A: SR. CARLOS BRAVO
A: SR. ZEL SACCANI
A: DRA. LOUISE HAY
A: DR. GREEG BRADEN
A: DR. BRUCE LIPTON
A: DR. JOE DISPENSA
A: DR. WAYNE W. DYER
A: SR. NEALE DONALD WALSCH

GOD'S ARRIVAL TO EACH HUMAN BEING

Unique, different, implacable, special, impactful, and powerful: The time at which people seek to receive God in their lives, once and for all.

by Nancy del Divino Niño Pulecio Vélez

GOD'S ARRIVAL TO EACH HUMAN BEING is particularly dedicated to young teens and adults still seeking the reason for and goals in their lives. Through this book, may they encounter and learn how to manage their "Internal Love" lying within all of us, and experience unique, special and yet-unimagined miracles.

CONTENTS

GOD'S ARRIVAL TO EACH HUMAN BEING

Life's path consists of wonderful teachings chosen by our hearts and minds, particularly when we communicate and connect with our souls as children, young people, adults or seniors. Life changes us completely, and we do our best to manage every second of our days. We can indeed live with true happiness.

Some depend on the deep knowledge they already have at birth, to which their hearts and souls are exposed as babies. We can feel and see (once we understand how to do so) the way in which their parents take care of them and guide them wisely through their lives. But other parents who are not aware of the immense value with which they were born, simply implant their own ideas, some worthwhile and others less worthwhile.

Others find their soul through their special life education, particularly for those seeking wisdom and self-acquired knowledge. Even when other philosophers may have no practical influence on their daily lives, they still take external philosophy into account.

They also depend on feelings received through their friends and partners. If they join healthy groups truly reflecting the hand of God, they can indeed be magnified, while sharing this extraordinary wisdom with others who also seek it.

On the other hand, others who enjoy an expert mental and physical management can sometimes be a terrible shame for the few messengers and teachers through their studies who have not explained to them the truths about the soul. By exposing their spiritual experiences, they run the risk of being ignored, ridiculed or marginalized.

While many people believe that life is only about our own health, happiness, prosperity, and love, we should ask ourselves: What kind of health? What kind of happiness? What kind of prosperity and love? We don't normally use logic just to achieve those objectives. Most people in their own civilization lose the greatest reward within themselves, and forget because they believe that they should get ahead by leaving their deep truth and ignoring their human soul. In the process, they refuse to ask questions about the soul's function and real mission, the daily exercise of our heart and the valuable and pleasant feeling of our spirituality. Finally, they only follow what it means for human beings as individuals and as part of a material civilization.

Others are highly fortunate to know that we are touched with the heart of Jesus in a special way. This symbol of human nature with which we come to God, through deep spirituality and a clean consciousness of our heart and soul, allows for the doors to our true happiness to open. Through this book, we hope to share how to achieve greatness in all aspects of our lives.

When We Believe Fully In God, Life Can Be A Beautiful Experience

Many people in this world seek the positive, while others remain confused and choose erroneously, without considering their future. As the majority, this first group magnifies its lives with healthy, clean and spiritual living, often combined with the professional, and achieving a beautiful result in harmony with God.

About a month ago, I was talking on the phone to my good friend, Carlos. He mentioned he felt something weak in his body, and I told him, "When you feel awful, pray the Rosary because with it and with your special faith, you can get better." Several days passed, and Carlos called me again to say:

"I was in the hospital since December 24th, and came home only yesterday (January 2nd). I was told that I had kidney stones. That was why I had great and immense pain. I stayed there and, on December 31st, I remembered the advice Nancy gave me, but I realized I didn't have the Rosary... At the same time, I thought, 'I have the 10 fingers on my hands and with them, I can do it. I am going to pray with all my faith.' The next day,

I woke up with much less pain, but I had scheduled all of the exams and treatments that had been coordinated initially with the hospital. When they did the exams, they said, 'Sir, you do not have kidney stones or any other disease, so you can leave the hospital.'"

Questions and answers for Carlos:

How did you feel at that moment?

"Very connected with the Divinity."

Did you know that your belief in God was that strong?

"I always believed in God, but I had never experienced anything of that magnitude."

How can you recommend the feeling of faith?

"We have to be connected to be able to realize that we are true children of God, made in His image and likeness. We are perfection like He is, but we do not realize it. It is very easy if we follow the Commandments, if we lead a peaceful and quiet life, to have God be reflected in us".

The experience with my friend Carlos was extraordinary, and that is why we start this book with his beautiful story, which will undoubtedly put many people in contact with GOD.

For this reason, we believe that the path of life involves wonderful teachings that we all choose from our beginnings, and that we continue every day. Some people choose to live our lives in the best way united to God, while others remain confused and stray from the only truth we have in this world. Those unfortunate people face unexpected answers in their lives.

Yes, the path that we experience every day was chosen by ourselves. Since we began to follow our wishes (good, normal or bad), which we only identify with the results that surprise us in a unique way, or instead, that we do not expect.

Because since we were born and we were infinite beings, God chose our parents, who have largely grown and matured. From the hand of His children, we learned the good. The vast majority of us reached a good and great space. A few others, instead, reached a wrong place in this world. This is chosen by each one of us.

And why do we have to believe in it?

Because when we grow older and we look back on our lives, most people can feel and understand that it was actually through that special relationship between parents and/or mothers and children, which gave us a special space in this world. As it was to experiment, learn and validate in this universe all that we still needed to know as new human beings. And some followed their guides, but others decided on other alternatives.

Some Of Us Can Understand, And Others Can't.

F or this reason, it is exciting to live when we realize it. When we open our eyes and look back, most people in this world can confirm that our good deeds were what our parents taught us and guided us to live in the best way possible. It is worth adding that some children knew how to follow their correct steps, but many others were confused, and are still confused with mistaken beliefs. Only at the end of their lives, most people will say: we followed a good path, examples and teachings that our clean and healthy parents were leaving us...

Those who heard them and followed their good teachings achieved and continue to achieve great results in their lives. Some of them, at the same time, had and are lucky enough to be able to continue talking with their parents and/or mothers who are at a healthy and good old age. In conclusion, they are the joyful families that we can all recognize with real grandeur of what they have accomplished in their lives. Like these, there are some groups of people in the world that are well worth analyzing and following their examples, because they are unique groups and families that have left the most pleasant memories and healthy examples of their actions.

The others are those who did not follow the teachings of their parents, but rather their own desires, unknown and undecided. At the same time, they believed they could fill their lives because they would achieve the best, according to their young minds, with enthusiasm and confused beliefs, which they never realized when they were young. Within this group, usually many can only see their true realities when they manage to open their eyes to any tragedy, or simply to a negative experience that they did not understand. It is at the same time when their parents and mothers have already left. By then, they thoroughly understand the good memories of them, and their great real love emerges. They recognize that in fact when they were born, they were given the best in the world to teach them all the good that they needed. And that it was very important to have attended to them and understood them in their youth, and not go through unnecessary situations. In this regard, it is worth noting how we express it. The good and/or regular experiences that these young people go through are in fact the product of great teachings received from their fathers and mothers. The bad ones, they only see them sometimes when they appreciate these teachings, which is when we have the possibility to know ourselves thoroughly, either with our inner love or with our older age that identifies that sense of gratitude to our parents with recognition of their teachings to our lives and at the same time when we are able to unite and find GOD in our hearts.

Besides the above, it is when we can remember the good, perfect, and happy communication we experienced when we were born from our mother. This opens our eyes to analyze and develop the best of it, and gives us the ability to implement it wisely and cleanly with our own children. In this sense, we will find another great logical reason that many of us do not know, and that we will enjoy reading and understanding thoroughly only later on.

We also have to see there are many other people who never recognize their parents and mothers in any way. Some, because they were abandoned and simply did not know them. Others, because of a lack of personal understanding. Therefore, they do not find easy and logical reasons for their lives. With pain, confusion or deep anger, they find illogical and unimaginable reasons because they simply have not entered their inner being, and can only find problems to manage their lives.

Although all human beings are on the path to learning, some achieve it effectively as children, others as young teens, others as adults, and still others once we are adults when from our last years the real presence of our openly clear soul reaches a good majority of us. For that reason, we want to achieve the process and a clean, healthy and correct path of our lives, and those of persons we know.

As fathers or mothers aware of this fact, they respond to alerts second by second, minute by minute, with all of their abilities to focus their lives on proper communication with their children, in the best way from the beginning to the final moment of their lives. And it is worth adding that these special personalities create the unique gift of the main thing in the world, such as carrying out the aforementioned and correct **communication** with their children to leave in them the legacy of the best educational and spiritual foundations, which they expect should extend equally and with real strength to their grandchildren and at the same time to themselves, as we will see later.

To What Extent Do We Believe In The Importance Of Communication?

Everything depends on each group and person. Another vast majority believes to be awake and in contact, but is in fact "asleep" for millions of reasons. Mainly because they are still young, which easily confuses all human beings because of the hormonal desires that arise in each person at the start of adolescence and youth.

Sometimes, a previously unimagined phenomenon occurs, such as "Gender Ideology", as seen in the Colombian government since it entered the Havana Accord. Based on this theory, if a person is born a woman, she becomes a woman when she wants to. The same applies to men who, at birth, are not yet men, yet become so based on their desires. Many times, the result is wrong because of unexpected influences received by each person. The foregoing situation arose under the past misguided Government and its influence on the Ministry of Education, as well as several political directors who seek to implement it, all based on an agreement with Colombian guerrillas who spent their formative years in Havana. We view this development as unhelpful, and can only hope that Colombians are not so easily manipulated to allow their children's lives to be affected by this absurd political ideology. For over 2,000 years, boys have been born as boys, and girls as girls without any problem, and then in their youth, if they want to change their lives, they can do so individually, without having to accept insane proposals.

At the same time, many of today's confused young people may have experienced something similar through which they have been mistaken. So without basic guilt, because in those moments of youth, people do not understand that they must align themselves in the internal learning process, to wisely manage their minds, souls and bodies, a detail that they do not grasp until they live painful experiences, or in some cases, until real old age arrives. Fortunately, a few others achieve the internal meeting of their minds, souls and hearts with which they understand how to restore and be reborn in their lives to assimilate new and correct concepts crucial to entering a new stage for which they have long waited.

Another vast majority believes that they already know everything and that they will not talk about things (simple or regular) because they are (in that majority's opinion) not economically productive. By living in this world of economic necessity with all scientific guidance, they follow that path and see no need to satisfy their inner being spiritually. Another thousand reasons exist why each person in that group will have a long way to go, which is not easily clear until they find their own and healthy reality. If they are fortunate in their old age, they can understand and find their logical feelings before they depart for the eternal life.

The most important cause of these groups is because they do not understand the first and fundamental obligation or need that we must understand as human beings: the process of **communication**, not only with our parents but also with our deep soul and heart. With this, we will clearly understand ourselves and, from there, achieve a healthy communication with the rest of the world.

To that effect, there are fundamental and clear points that help us see where and what we are, as well as what we need, for which the questions "who we are", "how did we get here" and "whom should we serve" remain all-important.

Who We Are At Birth

To enter the process of **knowing ourselves** and **knowing why we are on this Earth**, we must start with who we are at birth.

The best way is to remember one of the wise lessons that many of us may not know according to recognized scientists, such as the great teachings of Dr. Bruce Lipton, who made it clear to us that our parents and especially our mother, leave in each one of us our programmed subconscious.

When we are in the uterus (our mother's womb), we absorb the general feeling of harmony enjoyed by our mother and father, if that is how they live.

Conversely, if they live with discord and conflict, that situation is grafted onto our subconscious.

This is how Dr. Lipton shows the main impression that we receive inside the womb as babies, what we feel and carry inside and express those sensations and experiences of screaming and fights with our parents. Or we are simply full of love, healthy and calm, that eventually we manage alone and/or are accompanied in the best way, to which we react pleasantly as new beings.

Also, everything we collect every day in our brain, we bring from before birth. With this, we come into this world and experience limitations, bitterness, anger and negative details that we do not understand, or alternatively, wonderful, healthy and open wishes to manage clearly and intelligently our lives.

All of the foregoing also reflects **our mothers' diet**. Undoubtedly, healthy nutrition helps the baby's brain, as unhealthful elements may damage a baby in formation.

It goes without saying that the mother's environment is the fetus' environment. If the mother is happy, she passes on a full and happy chemistry, while if the mother is afraid, the baby receives an unpleasant chemistry of fear. And if the mother does not want the baby because she thinks the baby can interfere with the family, the baby receives a chemistry of rejection.

These are extraordinary and real words by Dr. Bruce Lipton that all people must know and take into account from the earliest point of our lives to be ready for the healthy formation of a baby, especially as women.

Fathers also have to do with this subject. So, we must deeply and highly express that if the father and the mother have an intense fight, the child hears and feels the strong response and the screams, and the baby reacts with internal movements in the womb, generating unexpected results once born and through life.

At the same time, we should also remember that people also have senses called waves known as "Delta, Theta, Alpha, Beta, and Gamma".

"Delta" is the sense from the beginning of life, and lasting for the first 2 to 4 years, followed by "Theta" from 4 to 8 years old, "Alpha" from 8 to 12 years old, "Beta" from 12 to 30 years old, and finally, "Gamma", from 25 to 100 years old.

As regards our brain waves, the key to authentic well-being lies in having each of them operate correctly within their own frequency and at an optimum level during each corresponding age period. It should also be noted that brain waves are not stable. They change as we grow, mature, open our eyes and our hearts, and/or grow older. The objective, therefore, should not be to become obsessed with enhancing our Beta waves so as to improve our attention span, or our Gamma waves to reach some supposed spiritual or mystical state of being. Without a doubt, no one brain wave is better or more special than the others. All are important because they result from effective neuron activity in each of our mental states, as demonstrated by the first experts in what we know now as brain waves.

It's worth explaining more clearly what each of them represents. For example, Delta (the one with which we come into the world as babies and maintain until 2 to 4 years of age) produces a deep sleep that allows us to rest. Just as we acquire this brain wave little by little, we also slowly eliminate it before moving onto the next wave.

The next brain wave, "Theta," is maintained from 4 to 8 years old, and mainly relates to our imaginative abilities. With the reflections and dreams we're able to have because of this wave, it produces a deep and elevated emotional activity within us, just as we begin to understand life's exciting details from our brains.

From ages 8 to 12 years old, we begin to understand the third wave, "Alpha," which opens our minds to think and understand things like movies, television, stories, and anything else of interest that we'll go on to see and experience within our surroundings.

Around 12 years old, the fourth wave, "Beta," enters our brains and begins to grow little by little. An intense and active neuronal wave that we must learn to manage, some of us are able to do so with the help of our parents and a good education. Others, however, wrongly continue into adolescence with an already negative basis for their lives.

The fifth wave, called "Gamma," occurs from 25 years old until 100, and is the wave that can best offer us true happiness, a better perception of reality, incredible focus, and better self-control. As the richest and most conscious sensory experience of our soul, our heart, and our spirit, if we truly want it, with this wave we're able to succeed and bless our lives, if we haven't been able to do so already.

Here are some ways in which people have described the "Gamma" wave, which aids with self-improvement, such as in the following ways:

- *Higher degrees of meditation;*
- *Improved connection with the universe;*
- *A natural anti-depressant;*
- *Maximized mental and physical performance;*
- *Improved sensory perception;*
- *Sharpened focus and concentration; and*
- *Increased comprehension ability.*

All of that occurs when we connect with our mind, heart, and soul on a daily basis, as well as when we surround ourselves with healthy friendships and people with whom we're able to build our goals and achieve well-being.

Also of great importance is that we're prepared when the reality is something to the contrary. One example is unhealthy friends, or those who make us wish we could avoid them altogether, particularly when they request something unexpected, unknown, or related to money. Those are the friends that we must NOT follow, even if we're only needed as an economic resource, and despite assurances of their efforts. Often times, these fair-weather "friends" lose everything and end up in negative situations, such as in jail or around less-than-desirable company.

Particularly young men and women should realize that these situations bring about no benefit. Nor does it help older people closer to leaving this world. Will they be forgiven? Possibly by God. But they'll be remembered as part of the world's worst groups of human beings. For those seeking to live a clean and healthy life, these are situations to avoid under all circumstances.

From what we've seen and known of young people that have, for the most part, acted on and let themselves be controlled by confused, subconscious, physical desires, the reality of their paths is horrendous and something that we could never have imagined or wanted.

For that, the words of Dr. Bruce Lipton continue to be important and fundamental. According to him, we have access to about 5% of our consciousness, while the other 95% percent remains in the subconscious. Since we've seen and experienced that letting ourselves be controlled by that 95% does NOT help us, it's important to choose all that is pure from the things we do like, eliminating from our hearts and minds all that is unpleasant. We can choose not to believe that the subconscious 95% controls us. With real and gratifying AWARENESS, it IS possible to heal our subconscious and change all 95% of it for the better. With the hand of GOD, whom we're fortunate to have accompany us, we can understand from deep inside the pure and healthy life that we must act and live each and every second.

If each of us is able to deeply analyze ourselves in time, just like Dr. Bruce Lipton shows, we'll be able to achieve only the best that our lives hold for us. At the same time, whoever learns the importance of handling themselves calmly will then be able to positively come together with their friends and families, including with their brothers, sisters, and other special individuals in their lives, so as to simply follow their own conscious and experience only the positive: a new form of awareness that's generous, strong, clean, and positive, allowing us to completely achieve all of our new resolutions, as we'll see next.

How Can We Make The Effective Change From Our Subconscious To Our Active Awareness, So As To Reach Our Spiritual Management?

We can begin to understand these new days by being able to understand our great intelligence, healthy thoughts, clean energy and positive desires.

To do so in the best possible way, each day when we wake up, as soon as we open our eyes, we should deeply breath one, two, and three times, always being sure to communicate with our hearts and ask our souls what we should choose that day for our own well-being.

With the positive coming of each breath, we can be certain that what we're going to do is correct, healthy, clean and good for us and for the people in our lives.

If some negative thought of insecurity, fear, or suffering comes to us first, we can begin to eliminate those feelings with deep breaths full of positive thoughts so as to create new alternatives and replace anything negative with positivity. Not having previously understood the power of deep breathing as a means of eliminating negativity, we can make a wonderful change from the subconscious to a present, real, great, and clean AWARENESS. Those positive feelings are something that we've always known, but had maybe not yet accepted.

And why those beautiful results exactly? Because by finding ourselves in our hearts and receiving words from our souls within our faith, we learn to understand little by little our union with GOD, which in turn gives us healthy, clear, and improved ideas on the correct way to live and with better results. As long as we continue to live in that way, we'll be able to manage our deep spiritual selves. And with total honesty, away from our unhealthy friends, we'll be able to follow an exemplary life down a path that's pure, clean and completely correct.

Our spiritual management also allows us to see and enjoy all that is positive in our lives and in the world, as well as to foster and share the talents with which we were born, while enjoying every moment of our lives. By not thinking back on the unfortunate circumstances that some wish to keep re-living, many of us are able to leave those circumstances behind without permanent damage. With our strength intact, as well as our new AWARENESS now unified with GOD, we are able to start each day ready to achieve whatever we desire!

When We Act With Total Clarity In Our Heart And Soul, We Understand How To Reach Our Internal Love.

A mong the magnificent things that come from finding ourselves through the cleansing of our hearts, internal energy, and wonderful souls, is another ability that we can enhance even further. Specifically, learning both the neuro-scientific and neuro-spiritual aspects of our minds, so as to only attain the positive that our hearts truly desire. For that, we must deeply understand the importance of our "Internal Love," which we will analyze in greater detail further on.

At what age does that happen? It comes to all of us at a different time, and it's there when we may first belong to that group of special people filled with real happiness that we've always admired in the world. Most of us may become that, but only when we're older or if we've had the special circumstances that have allowed us to attain it. As young people united with GOD, when we deeply and truly understand our clean and clear "Internal Love," it means living without envy, blame, bitterness, jealous, rivalry, resentment, wrath, or anything else that comes in the way of our positive feelings. By deeply cleansing ourselves, we are ready to completely understand WHO WE ARE, FROM THE TIME WE'RE BORN.

As long as we're able to analyze all of the necessary moments in our lives from the guidance of our heart and soul, we're able to start or restart the management of our lives, and in the best way possible. That means fixing any disagreements we may have had, healing any illness that we may still have, eliminating any bad relationships, and moving past any other negativity that the world may have given us. After having found ourselves, we can begin to clean ourselves up little by little by joining that group of special people that we've admired from afar throughout our lives. Just like the process and progress of understanding the surprising and at times unexpected special circumstances that we've experienced, those changes enable us to learn that which we've long owed to the world. By managing our own evolution, we can clean ourselves up and judge what we need and don't need for the well-being of our lives.

What we know as sadness, sorrow, melancholy, pain, discontentment, desperation, suffering, and other things we don't need can disappear from our lives when we reincorporate the strength of our pleasant, healthy, and clean thoughts. Even if we haven't brought those things together before, by developing and maintaining a clean way of life, so-called sadness and other negativities will no longer have access to our brains, souls or hearts. That is when we'll be able to indeed feel our real, luminous, and divine union with GOD.

How Can We Feel And Do The Best In Our Lives As Young Teens, Or As Adult Men And Women?

If we want to achieve the best results in our lives, our physical relationships may arise during our adolescence. Those relationships should be mainly dealt with from the heart of each and every person so that both men and women, both capable of closely and positively analyzing each situation, can spiritually attain the best way of life. To that effect, they must know and understand how to manage the strong desires that come from the body, attending and responding first and foremost to the soul and heart instead. How can we do that? We'll thoroughly analyze that further onward.

At the same time, we must be open and willing not to become confused when faced with the challenge of spiritual management that we've come to nurture. We must analyze rationally and follow that which best suits us, eliminating from our mind, heart, soul, and internal love what the body may otherwise say. Some may be able to achieve that and others, not yet understanding the importance of not making the mistake of caving to their immediate physical desires, may not.

How do we overcome confusion during early adolescence?

How should our male or female friend respond?

How far are people willing to go to live in a healthy way?

Would love continue if your partner had an accident, allowing only for a spiritual (and not physical) relationship?

As young teens, we simply want to understand the best way of dealing with our bodies, especially because we can feel that with management-based behavior, we can best achieve all that is great within our lives. As long as we understand that, while still teenagers, good management of our bodies and behavior doesn't have to do with our physical and bodily desires.

Why do some people believe that they take advantage of people and stay on the good side of both men and women in doing so? Just as we've widely seen, those people won't find any good solutions. Just the ones that, as critical human beings, we don't desire, which will in turn distance them from many relationships. Before continuing, however, we're going to respond to those questions so that we can keep them in mind while still teenagers.

How Do We Overcome Confusion During Early Adolescence?

As young people, we know that, clearly, our physical desires are strong and we want to "enjoy them", without having to face the consequences. Considering those aspects, we must know first the type of love that is supposed to develop. Is it real and strong? Or is it hardly enough to start a real relationship? It's important to define that type of love, because failure to do so won't facilitate the start of a healthy relationship. Are we in communication with our Heart and our Soul? Do we understand the real and necessary importance of our "Internal Love"? If we still don't understand those things, we must breathe deeply until we feel that we've reached our heart and our true selves and that we've understood the clean and healthy greatness wisely intended for our lives.

How Should Our Male Or Female Friend Respond?

H ow should that special individual (man or woman, depending on each couple) respond, so as to act in the best way possible, and without relying on physical attraction? That "physical attraction" must only come into play when there is open communication, and each person is convinced that the love they share is real, clean, great, and, in both of their lives, right for marriage. Since that is what clearly allows us to achieve a clean and true life filled with the good things meant to come, it is deeply important to follow.

How Far Are People Willing To Go To Live In A Healthy Way?

T o work together on their communication from the mind with the Soul and the Heart, and to clearly understand the personal meaning of the "Internal Love," each person in a relationship must be really and truly in love. Opening all that is good and clean to that special partner is important so that the couple (even if young) may lead a healthy life together, and only with one another until they reach old age. In doing so, they will have a beautiful home filled with healthy, positive, and beautiful children. From such homes come the unique families that many of us admire and may have as our own.

Would Love Continue If Your Partner Had An Accident, Allowing For Only A Spiritual Relationship, And Not A Physical One?

As long as the relationship is based on true, lasting love, you'll be able to accept whatever life brings you, together. Here, various questions should come up, especially because many men and women don't imagine themselves being able to cope with difficult situations. However, with any difficult situation also comes the great possibility of both of you becoming truly united. By joining with GOD under any circumstances, you'll without a doubt find magnificent and unimagined answers for both of your lives, as well as the lives of your children and other family members.

These kinds of questions are special ones that show us the real feelings behind true and untrue love that may exist within ourselves and other special young couples. They also reveal the honest answers that each person may find within himself to offer a completely pure and healthy relationship as a couple, and to find the best within themselves individually.

That said, it's worth citing one example among the hundreds and thousands that arise in the lives of young people, which shows us the misguided beginnings and dark endings that can occur, such as the one below...

This was the case of a confused and desperate little girl who, at the age of 14, felt that she didn't love her mother or father. She fell in love with a young man, after being invited to join the FARC Colombian "guerrilla" group. She was there for 6 years and, at age 20, was able to escape after finding out that her love had been murdered. She had experienced numerous horrible things with them and, after having left more confused than ever, didn't go back to her family home immediately. Days later, however, she said, "When my mother found out that I had left the group, she was very afraid that they would kill me, since the FARC had already called for a war council. My mother wished that GOD would protect me, and that I would be able to choose the right path, the path that I should have taken in the first place. When I escaped, I didn't go directly to my house but, from where I was, I could see my family again. I felt such deep happiness. It was like a dream, the best dream of my life, especially because I'd come to think I'd never be able to see them again. After all I'd been through, my feelings totally changed. I wanted to return to my family and, obviously, that's what I did."

Just like this one, we can find hundreds of examples of young people who are eventually able to clear their minds, hearts, and souls after living such sad and difficult experiences. At the same time, however, it can be difficult sometimes to find a pure relationship between young couples and, when a pure relationship does arise, it's very important to examine it.

Especially because many young people aren't able to look at the negative parts of their relationship and, sadly, only feel their physical desires instead, which explains the small percentage of healthy young relationships in the world.

Because the great majority of adolescents act on hormonal desires, which leads them to believe that their lives depend on what they can offer the partner they've chosen based on physical tastes, they believe that those are the desires they should follow. As young people, it's not easy for them to open their eyes and realize at that point in time that they're living purely for pleasure. If those young people still haven't understood that with an eternal, pure, and clear love that is felt from one for the other their special relationship can last for eternity, that relationship can sadly end, and in a way that's unexpected, just as we've seen.

Couples who feel like they're on a correct and effective path will be able to stay together throughout their lives. But others could be reaching a place of great suffering difficult to erase from their hearts. Not until many years have passed will they be able to clean out their pain and suffering, and only after they've really begun to communicate with each other and join in a way that's real and spiritual. In doing so, they'll be able to understand that the physical was never enough to create and maintain a life-long relationship, particularly because they weren't able to see the possibilities of correctly eliminating those desires from their bodies, all of which must be understood with great detail to live, without depending on the body.

Any young person, or young teen, whether male or female, that belongs to the great majority just mentioned and has reached a place of suffering, may feel upset after reading these words and adopt ideas far from the reality of their lives that lead them to experience things that they may later regret.

For them especially, please keep reading. And, for their own well-being, don't feel disappointed or frustrated. Understand that the best paths to positive energy within your life are not just physical, but both physical and spiritual ones that can be openly and cleanly enjoyed.

During our lives, we fulfill the main task of finding ourselves and, once achieved with our minds, hearts, and souls, we understand how to thoroughly and correctly figure out the next step of understanding what is necessary for our lives. As previously mentioned when we addressed the physical functioning of our bodies and the special, sacred connection with our parents, if we achieve deep communication and conversation with them, we'll understand things we had never imagined before. If that's not the case, either because we don't know our parents or because we haven't been able to deeply communicate with them, we can beautifully and profoundly find ourselves within our GOD when we communicate internally from our minds, hearts, and souls, just like the best of our lives has shown us.

It's also worth noting one thing that stood out to us at the beginning of our lives; that is, the accomplishment of achieving deep communication with our parents, whom many of us thought of as the only people responsible for anything that happened our lives... We hadn't understood that human beings must find themselves from within in order to be able to communicate with the persons who brought us into the world. It's because of them that we've come to exist, the importance of which some of us haven't even thought of, much less understood.

Unfortunately, not many of us understand this basic and fundamental importance until they (our fathers and mothers) have left our lives.

It may seem absurd, but the vast majority of people go through life without understanding the fundamental importance of finding themselves and, in some cases, as children of their parents, achieving neither the greatness nor the independence needed to better their personal lives and the relationship they have with their parents while it is still special.

On the other hand, as healthy fathers and/or mothers, we'll be able to open up with our children and help them to understand what is best for their lives, as we'll soon see in the correct way of managing our relationships with family members, close and distant friends, and with whomever we come into contact throughout the world, whether from work, friends, or acquaintances. Once you're able to find yourself amongst them by using your spirit from within, you'll be able to show them the possibility of clear feelings, as well as their mission on this Earth, as we already explained happens when we come to find our "Internal Love." In that way, as mothers and fathers, if we give our children the gift of understanding the ability we have to take on those ideas, their lives and destinies will be different, like those of special people in the world who are able to be successful and recognized while they're still young, simply because it's something they've understood since childhood.

And even under different circumstances, all of us are responsible for each step we take throughout our lives. We're responsible for the smart ones, the stupid ones, and all of the naughty, absurd, inconsistent, helpless, brilliant, sick, crazy, healthy, religious, atheist, passionate, naive, opportunistic, clear-headed, etc. things we have done.

Yes, responsible. Because even if we try to push our responsibility onto others, it's not possible, and even less healthy, to do so. Each one of us is independent of the other, and we become personally responsible for ourselves at birth. Even though we may look for apologies one way or another, no apology will be valid because it was us who independently acted or failed to act. Whether we weren't able to understand the particular circumstances that surrounded us in that decisive moment, or we understood them too late, the particular circumstances that we've personally lived through moved themselves within the same world that we moved ourselves in. No matter what, we are all responsible in the end, which is something that some people who lack internal, clean, healthy, and transparent communication with their heart and soul don't understand until their lives are coming to an end.

Additional Possibilities For Young Teens As Mothers And Fathers

S o, how can young teenagers as mothers and/or father correctly choose the best path for their children?

When young teens are motivated by their basic bodily passions (the ones that begin with physical attraction), those passions can be difficult to correctly manage. But the beliefs that we've kept in each of our subconscious (the system that from birth, and even in the womb of our mothers, helps us to get rid of whatever has infiltrated our bodies and our heads) means for some people that they're able to remain alert from within themselves. Remaining in contact with their hearts during each moment of defining their life's path and without ever throwing away the health energy that their brain gives them to act correctly, means that they understand both the significance and the value of patience, anticipated wisdom, and their good actions. Those confused others, unfortunately, act in the opposite way, as we'll soon see.

Those people are called to act by deep physical desires, and the majority of them act without clarity, continuing the physical relationships that end up without being respected because of who we've surrounded ourselves with. For that, these young people find it easy to end their relationships, which often results in uncomfortable endings for them. Some end up hating each other, and, even though they've ended their relationships respectfully, prefer not to see each other. And why is that? Because, as young adolescents, they're only interested in satisfying their sexual desires, and not in understanding the immense necessity of finding themselves in their hearts and souls with faith and calmness, communicating with GOD, and knowingly understanding what they're creating with their lives.

It's simple: If they haven't accepted any clean and pure guide, they've acted incorrectly. A few people have the good fortune of finding themselves and cleaning up their actions; however, others continue believing that their bad actions and the error of their ways will keep them moving forward (that is, until they end up in jail, or as parents when they didn't expect to be). For the benefit of their own good fortune after having lived such deep pain, however, they begin to understand the importance of handling themselves correctly, from their minds and hearts.

In addition to everything said previously, those young teens who didn't have mothers or fathers haven't been able to receive and accept any guide at all. They have, however, searched for it internally and, by entering their souls and accessing their healthy and clean "Internal Love," they've been left full from within to go forward with what life may give them, as can be clearly seen within each one.

Those young teens not only fail to look at what they're living, but also what is to come for them in the future, as well as the consequences that must be faced for every flawed decision. Because of that, they're NOT able to easily forget the wise choice of finding themselves and working together with their "Internal Love," which, little by little, helps them to understand the best way to go on with, clean out, and build good ways to manage their lives.

However, if they don't discover their "Internal Love," or if they don't see or feel it, they mistakenly convince themselves to keep going throughout life without a conscience. In not accepting the cleansing of their minds and hearts, they've chosen to move forward with guilt and to forget the countless good decisions with which they could have lived, decisions that would have led them to truly be successful in many ways. Instead, they unfortunately come to find themselves in moments that no one desires.

In this way, some people shape their lives until they've met all of the undesirable pain and punishment one could imagine. It's only then that, little by little, they learn the importance of cleaning out their thoughts, minds and actions, attaining better lives under the responsible management of themselves, something that deep down they've known and understood since childhood. If they've succeeded in managing their own responsibilities, they're able to make the necessary and favorable changes to better themselves. By cleaning out their minds, hearts, and souls with real and total honesty, both within and outside of their thoughts and feelings, they re-convert themselves in a way that's clear, clean, and real, and with total respect for re-starting a life we all would want, and to open their eyes from the physical world to the spiritual word, something truly extraordinary once achieved.

When they've finally attained this great internal and spiritual wisdom, they're able to find themselves united and have babies in a way that's pure and intentional, coming together from their very first moment. Just as we've understood so far, by managing their lives with the good hand of our **"Internal Love"** and wonderfully finding GOD, if their relationship with Him is maintained wisely, they'll live only the most beautiful and positive in their own lives and in the lives of their children.

Discovering And Learning About "Internal Love," While Allowing It To Change Our Lives

How can we describe our **"Internal Love"**?

After trying to understand the confusions that all human beings experience today, whether young teens and adolescents or frustrated adults who still haven't found themselves and haven't received any support from their families or any sort of spiritual education throughout their lives, it is both rewarding and important to show them how to reach their **"Internal Love"** so as to find positive solutions for their whole life.

Our **"Internal Love"** must be the most unique, real, clean, central, basic, and fundamental of all forms of love that we feel as human beings. It's the main love among all our feelings, and from all dimensions. It's the love that shows us the light from our divine essence, and it's the love that connects us with GOD through the hand of Jesus Christ and the Virgin Mary, with whom, by truly entering our hearts and souls, we are able to make choices and decisions unimagined for each one of our lives.

From there, we're able to understand ourselves, come to know ourselves, and accept ourselves, clearly maintaining ourselves so that we're prepared to grow and make strong, positive changes. With such a unique and great feeling, we're able to forgive ourselves under any circumstances, to forgive others, to respect ourselves, and, at the same time, respect others.

On another note, suffice it to say it's understood that this process is not easy. For some people, it will take time to understand how to achieve the following two statements: *To forgive ourselves and to forgive others* and, *How to respect ourselves and respect others*.

Based on that, this **"Internal Love"** can rescue us in the moments when it seems like life just isn't working out for us. It's in those moments when we lose understanding of how to cleanly forgive ourselves and respect others.

The fact that this **"Internal Love"** is in communication with our heart and soul is a process that, whether or not we've been able to completely cleanse ourselves yet, allows us to understand and forgive ourselves, and to respect ourselves in a way that's equally health and pure.

And both of those things (forgiveness and respect) must be clearly promised within and to ourselves, openly knowing that nothing that we've done will keep us from returning to ourselves, one way or another.

In other words, true forgiveness and the internal capacity for respect are what helps us to take away the shame, doubt, uncertainty, and any other pain, even physical pain. Just as we've seen, felt, and thoroughly addressed at the start of this book, we can forgive ourselves and fairly respect ourselves, as well as other people, all from within. Just like our "Internal

Love," both things serve as an incentive to give us the perfect balance needed to continue along a good path with our heart, mind, soul, and spirit— that is, a clean and just path that benefits not just ourselves, but others too.

When we look back over our lives after having found ourselves in our hearts, we understand the meaning and significance of our **"Internal Love"** even more clearly. Furthermore, once examined and confirmed within us, it's something that we owe to ourselves in order to learn how to directly and justly respect ourselves. In that way, we'll also be able to help our children to understand and to share that understanding with any person that we may come into contact with, including those whom we love and those whom we don't love as well (something important when considering whom we must try and help understand said importance in a way that's healthy and just).

It's with love that we may come to know ourselves, understand ourselves, and NOT judge ourselves or others. Moreover, if we feel those flawed desires and negative judgments arise, we can find a positive direction with our "Internal Love," both for ourselves and for others. And with that same love, we can make wonderful decisions that resolve whatever has disconnected us in the first place.

When we identify with and find our healthy **"Internal Love,"** and when we remember the start of our lives by the side of our mothers and fathers, as well as our families in general, we understand time and time again the meaning and significance of this sacred love. And once understood and experienced, it's something we must make a priority and remain consciously rooted to throughout every hour of our lives. In doing so, we may come out undamaged from anything that has come to hurt or surprise us.

And if we indeed unite ourselves with our **"Internal Love"** through the Hand of GOD, we're able to avoid the onset of any hurt, sickness, or other ailment. That's because, before thinking of the negative things in life, we've already developed the positive feelings necessary for the answers that help us to resolve any type of unexpected tragedy. Although for many that may seem unlikely, it's entirely possible if we dedicate ourselves to deeply understanding, living, and experiencing everything mentioned before.

The fundamental aspects of our "Internal Love," as is the clarity and transparency of what we do and think, is a deep and wise compassion, observance, and admiration for ourselves, as well as for others.

At the same time, it's worth adding that the process in which we find the feelings necessary to attain infinite happiness includes a combination of **Intellectual and Spiritual Understanding**; that is, an understanting that we reach through Meditation and Prayers, such as the Rosary. When we're willing to fully indulge in and accept those steps on a daily basis, we're able to achieve miracles we'd never imagined.

In other words, it's not just about having the right intentions, but also aligning ourselves with our true **"Internal Love"**, so that we find wonderful answers to whatever GOD sends our way.

Surely, some of our readers are thinking this is just what they needed to know in order to find that love. With that said, the following are some basic and fundamental points that help us find our **"Internal Love"** in a way that's healthy, real, deep and true. To do that in the best way possible, let's learn how to understand the **Intellectual/Spiritual Understanding** that will help us find ourselves through our **FAITH**, something of equally great importance, as we'll see below.

Understanding Spiritual Intellect

T o achieve total and profound **Intellectual/Spiritual Understanding** that brings us to our healthy and true "Internal Love," we must become united under our own unique and personal form of concentration.

How is it possible to achieve that? By first examining our Intellect, a faculty that is made up of our power and ability to achieve what we desire. It's a mental faculty that allows us to learn, understand, reason, make decisions, and form a certain idea of reality. With that, we may gain access to the cognitive and rational potential that allows each human being, whether man or woman, to achieve a profound understanding: our Intellect. People with the ability of understanding the unity of their Intellect are ready to then pass from their individual reality to a universal one, and vice-versa.

(For the purpose of providing more information, it's worth noting that the word "Faculty" also refers to a university sub-division belonging to a specific branch of KNOWLEDGE, at which only certain degrees are

awarded. The set of these types of faculties form the sum of each university).

When our faculty or Intellect enters our emotional minds, it's considered to be **Emotional Intelligence, creativity, and communication for our success**. At the same time, all of us have a certain ratio of intelligence, some with higher ratios than others. If we haven't lost that ratio at some point during the transition from childhood to adulthood, it's important to understand that the management of our accomplishments and the success of our lives greatly depends on this ratio.

UNDERSTANDING SPIRITUALITY. Spirituality, on the other hand, is truly something extraordinary, in that it outweighs the ego. Many equate spirituality to religion, but that's not always the case, especially because all of the world's human beings carry Spirituality in our hearts. Even if some aren't believers, it's because they haven't been able to reach the depths of their hearts and souls, for which they may reach a time when, sadly, they become absent from themselves. However, for those who feel and understand it, our spirituality is the point from where we achieve the healthy, clean, and perfect greatness wished for in our lives.

We find Spirituality when we close our eyes and look inside ourselves, using everything good that we desire to understand the beautiful ways in which we can live our lives: clean, clear, healthy, balanced and moderate. In doing so, we can easily manage our Intellect, so that it also communicates with our Spirituality, and, therefore, fully enjoy our **Intellectual/ Spiritual Understanding**, which develops and enhances our true **"Internal Love"** in the best ways possible.

Our Faith

OUR FAITH. Healthy and true, effective and great, our **FAITH** is, in the words of the Apostle Paul, "the assurance of things hoped for, the conviction of things not seen." Similarly, he said, "If you have **FAITH**, you have hope for things which are not seen, but that are true."

In that regard, it's worth noting the meaning of **FAITH** according to the Bible: "Now faith is the substance of things hoped for, the evidence of things not seen."

As we've seen, **FAITH** is the beginning of action and good power. When we make the effort to reach a worthy goal, we are exercising **FAITH** by showing our hope for something that, even though we can't see it, we might achieve through **"Internal Love"** and with the **Intellectual/Spiritual Understanding** within our great HEARTS and beautiful SOULS.

I should add that when we achieve **FAITH through the hand of our Lord Jesus Christ**, and with wisdom, feelings full of infinite love, and certainty that He exists, having understood all of the pain that he experienced while here on Earth, we must remember with complete love that He overcame this world and paved the path so that we, in whom He believes, could receive eternal life. In addition, we should remember that He asked us: **"Look unto me in every thought; doubt not, fear not"**. If we truly follow his words, He knows how to help us overcome our day to day difficulties and achieve salvation.

Once we've discovered it within ourselves through deep breathing, we realize that we've always carried it within our HEARTS. And as long as we continue to feel that we are in His hand, the Hand of GOD, we will be saved, no matter the circumstances.

Some may be thinking… that can't be true. Sadly, those people are deeply mistaken. It's worth clarifying that even when we feel like we have healthy faith in our HEARTS and our SOULS, yet things don't turn out as we'd hoped, it's because of something that just simply didn't agree with us. In other words, we mustn't feel angry or enraged just because what we wanted didn't end up happening. On the contrary, that is the perfect moment to examine again those wishes, from start to finish. It's at that moment when we discover what we had missed and can therefore express: Ah, that was the reason! In doing so, we're able to re-think the wish with which we began so as to realize that we hadn't had it in a way that's clean or healthy…

In that sense, it's worth adding that, again, if for some reason we don't attain the results that we had wished for, it's because that desire is not beneficial to us. By examining it each time, a profound understanding will arise within us and, with it, new thoughts that will better our lives in accordance with our healthy **FAITH**, understanding that we must go forward with the Hand of **GOD**. It's very important that we understand and enjoy it in a way that is positive because, just as life brings us great support once we've accepted our great **"Internal Love"** in a way that's clean and healthy, we'll be able to continue our path will all the new things that have come to enter our HEARTS, MINDS, SPIRITS, and SOULS.

Now, with **FAITH** inside our HEARTS, SPIRITS, and SOULS, let's repeat our deep, healthy, and clean breathing, giving special support to both the healthy and clean feelings and thoughts with which we wish to wisely fill our HEARTS. Each breath is of great importance in that, as long as we carry clean thoughts from within our HEARTS and SOULS, it helps to grow our perfect internal strength so that we follow the best parts of our lives!

In fact, when we feel with our HEARTS that our thoughts and feelings are healthy and clean, that is when we're able to directly contact Jesus Christ, the Blessed Virgin, and **GOD**, all of whom help us to keep all that's positive within our SOULS. It's at that moment when we clearly and fully feel that we're united with our true **"Internal Love,"** through which we will be able to perfectly plan how to best continue on with and manage our lives, loving ourselves as well as everyone around us.

Just as expressed initially, it's worth noting that we must do this every day as soon as we open our eyes in the morning because, with this great accomplishment, we'll be ready and strong to start each new day and with it, better all of our days and all that surrounds us.

Sure enough, it's when we're already united with **GOD** that we can clearly come to know our clean HEARTS, and with our minds, give ourselves the support we need to begin to feel strong and highly intelligent, as well as to have a clear direction. The results are those we'd always hoped for: We begin to feel the fullness, happiness, and complete calmness that we'd always wanted, and, with new and wonderful thoughts, we start living our lives through actions that are intelligent and just, both for ourselves and for those with whom we share everything that we live and feel.

Two special pieces of advice. The first piece of advice is that if some negative feeling arises, we can clean it out through deep breathing, thereby eliminating it from our HEARTS. Because we are already with the Hand of **GOD**, when we think of Him, without any doubt, He can help us to clean whatever negative thoughts have come to our mind. The second piece of advice is that if negative feelings arise in us even after daily Breathing and Meditation, which we will talk about later on, we must search again for our **Intellectual/Spiritual Understanding**, not just every morning, but also every night before going to sleep, so as to truly cleanse our thoughts and feelings. With that said, it's worth adding that if we do our best when Praying, saying Prayers like the Rosary every day, those beautiful efforts easily and clearly cleanse all of our negative feelings so that we fully remain with our **Intellectual/ Spiritual Understanding,** as well as our **"Internal Love."**

At the same time, it's understandable that many young people aren't interested in praying the Rosary every day; however, they can say an Our Father, a Hail Mary, or a Glory Be instead. In doing so, they are bringing themselves closer to GOD, and in a way that's just as wonderful.

These are both points that make us reflect deeply. In the first place, because we believed that we had already understood life, and that anything we still hadn't been able to accomplish was the fault of something or someone else. However, that is not the reality of things. The fault is always OURS, whether for lack of our own understanding, or due to own basic feelings. And that is something we only understand when we gain access to our **"Internal Love"** and our **FAITH** by the Hand of **GOD**.

When we achieve all that we had wished to do, we do it from within our own being.

First of all, we've understood that we didn't come into this world just to negatively judge ourselves, nor to senselessly judge the people that surround us. That's because we can now understand that as merely an inconsistent defense mechanism that we are very much able to eliminate from our minds once we've gained our **Intellectual/Spiritual Understanding** through **FAITH**, by the Hand of **GOD**, and with our **"Internal Love."** In that way, we can clearly and simply wish from within ourselves all that is positive, both for ourselves and for the people we know.

With that said, it's worth noting that if the whole world could understand what we've just explained, clearly and positively unifying themselves with their great, true, and effective **"Internal Love"** so that they lead their lives in a way that's healthy, the world would be a place that's clean, positive, and without judgments, as opposed to the ways in which many people live nowadays. In writing our book, we wish for those people to look inside their souls so that they realize that they'll be able to make extraordinary changes within their lives by acting in a fair and healthy manner.

Spiritual Intellect Along With "Internal Love" Creates Deep Inner And Eternal Responsibility

As we all know, there are hundreds and thousands of psychologists, neuroscientists, and biologists who, drawn to the topic, have begun once again their research on the mind. However, few of them have actually gone into depth about the **Spiritual Intellect** of the heart and soul. In doing so, they've followed various pursuits holding feelings that, in reality, could help them to achieve even better results, yet have focused solely on the intellectual aspects of their work. Because of that, even some of the greatest professionals have been left unable to radically change their own lives.

How can they try to change their lives exactly?

Until we deeply understand our **Spiritual Intellect** following the steps previously explained, it doesn't occur to us that, in order to spiritually complete our true, perfect **"Internal Love,"** we must also fill ourselves with a **Deep and Internal** Responsibility, allowing ourselves to understand and feel that unique and fundamental love in the best way possible: in the presence of **GOD.** With its divine essence in our HEARTS, we are able to healthily direct ourselves towards what is good, important, and clean for our eternal lives, along with the people who surround us, at any day, hour and moment in time.

It's obviously worth adding as well that, just as we now know, it's not that easy for everyone, especially not for people who haven't been able to undergo their own internal process of personal growth, a process that brings with it profoundly rewarding desires and different avenues to obtain what is clearly and truly clean for each individual. As we mentioned before, because we all independently process what we've learned into our subconscious, "good," "okay," and "bad" mean and imply different things for each person according to the experiences that they've had and lived since birth. And when something is considered "okay," or "bad," it's because that person hasn't been able to clean out those thoughts in the way that we explained beforehand. Because of that, they must adhere to the special task of making their **"Internal Love"** responsible for all aspects of their lives. Only in that way will we be able to achieve all that we need for a better life.

In general, people who think they know everything, in this case not just young people but adults as well, are those that take longer to gain internal spiritual understanding. At the same time, those people can feel rejected by that understanding, believing that whatever they've come to know without delving into their spirituality has been enough. However, each one will reach a moment of need in which they'll be able to finally understand the importance of their spirituality, and will be happy for being able to do so later on. Although we have the ability to spread this knowledge throughout the world, it will only reach people who truly want to understand it and have been able to deeply experience their **Spiritual Intellect**, along with their personal **"Internal Love"** and by the Hand of **GOD**.

It's also worth adding that our **GOD** wants us all to know this, and that once we've discovered our spirituality, we'll begin to have strange dreams in which some of us will think we've already died. We hadn't been able to experience this in the past because **GOD** was simply waiting for us to mature, both Intellectually and Spiritually. Just as some might have thought that it was God who was pushing them away, with their new beliefs on how to manage their **"Internal Love"** through the Hand of **GOD**, He will surprise each one of us, helping us to wonderfully manage the doors to our HEARTS, where we've become united with the positive forces of our SOULS through **FAITH**. In that way, each person will without doubt find the happiness of their true **"Internal Love"** and, **from there, achieve Special Miracles they'd never imagined before.**

Now, let's talk about how to correctly practice Deep Breathing and, with that, develop a daily Meditation that will lead us to our true and glorious **"Internal Love,"** with which we'll find the answers to our deep Internal and Eternal responsibility, in addition to all other points addressed above.

Meditation To Reach Our Internal Love, With Gregg Braden In English And Miguel Sejnaui In Spanish

Meditation is considered to be self-healing, providing us with greater consciousness and creativity, stimulating us, and strengthening the parts of our brain that lead us to internal peace and happiness. Among its other advantages, it increases our intellectual consciousness, and even stimulates our immune system, something that we all need for the benefit of our lives.

It's worth adding that **Meditation** is done individually and according to what each person wishes for his life, just like the meditation method created by the extraordinary spiritual scientist Gregg Braden, which we're happy to introduce to you all in the next paragraph:

"Meditation is a simple experience that awakens our heart, mind and thoughts. No one needs anything more complicated than that: just the following three

points: First: Close our eyes and focus our mind and hearts, breathing deeply. Second: While we keep breathing, open the palm of our hand and bring it to our heart so that we address our special feelings as they are: GRATITUDE, APPRECIATION, CARE and COMPASSION, and repeat each time so that we're united with them and begin to feel during the third step all of the positivity that GRATITUDE, APPRECIATION, CARE and COMPASSION increasingly bring us, with which we increase our understanding, physical health, and healthy spiritual life to achieve our best lives. Once we feel it, we can open our eyes again and keep feeling all that is positive that we need for each moment of our existence."

Meditation created and delivered to the world by Gregg Braden, which we can listen to from Hay House.

And if we want to hear other special **Meditation** methods in Spanish, we particularly recommend Miguel Sejnaui, a young person who has dedicated himself to finding the best way to become united with **GOD**. He wisely interprets many diverse forms of **Meditation** to help Spanish-speakers, which can be found at the following link: https://www.youtube.com/watch?v=UuyZz3pgbac

How Did We Get Here?

With regard to how we came to be on this earth, hundreds of questions come about, each with a different but equally wise answer, as we've expressed before.

All of us, no matter our beliefs or religion, have diverse answers to those questions. However, the most important question is the one that emerges the day that we find the reason for knowing: **What is our purpose here on Earth?**

And that is simply when we understand the depth of what it means to be at the hand of Jesus Christ, the Blessed Virgin Mary, and to enjoy the profound communication that we have with **GOD.**

Other non-believers may unfortunately carry the weight and pain of the world, becoming the root cause of human arrogance in the world. Those are people who choose to communicate to others the wrong paths to take in life, who fill themselves with only bad desires, and who end up living in horrendous ways.

At the same time, some non-believers are still positive beings open to helping people. However, their actions are not founded in any one particular religion, and they live purely based on their positive beliefs, which, at any moment of their lives, could lead them to understand the importance of **GOD** so as to live out the rest of their lives in the best way possible.

Those of us who enjoy a special form of communication with **GOD**, however, understand it all. We've come to understand the way of life we may have led after having just come into this world, when, as young people, we committed undesired acts before being able to make the changes necessary for our lives: when we learned to accept our families and our friends, whether believers or non-believers, and when we learned to accept their true, clear and healthy answers. Our heart shows us so much, once it has been opened and connected with the true will of **GOD**. It is then when we are finally able to convey everything that is good, and everything we had and hadn't understood. So, what has been the purpose of our failures, both big and small? It is never negative, only positive; it is in a special moment that **GOD's** answer comes to us. We feel Him, and we understand his reasons, which are just and true.

And for those that haven't been able to do so, everything mentioned prior shows the fundamental importance of being attentive and alert so that we're able to accept what we're truly responsible for through every step of our lives, and without any resentment. If we are mothers and/or fathers and are able to bring babies into this world, for example, we should love them by devoting ourselves to them 24 hours of the day, using all of our special knowledge in a way that's healthy, clear, clean and intelligent: to get the best out of them and to see, to feel, and to experience the rewarding results that they can achieve with the help of our clean guidance.

In the same way, if we're given the luck of being born into a good set of parents, we'll be able to know that they've remained good if we've grown up connected to and in communication with both of them.

Some of us take a long time to understand them, and spend years doing so. Even if we have good communication with them and respect them, we may not agree with them 100% of the time. However, our parents come and go, and we may never be able to talk with them about those things, although in our hearts and minds we know and feel that their answers would have been positive ones.

Through both our direct and indirect reactions and answers, if we each create a life in which we always communicate with our parents and unite ourselves with them from the heart, we're able to share all that is good with them, as well as come to good decisions, both for our lives and for theirs just the same. In that way, some of us will be able to achieve what's both necessary and the best for our lives, starting from our true and special connection with **GOD.**

And what do we mean by that? Unique things that come to us in a special way. However, we must know that we can't fulfill our feelings just by thinking it or using the religion to which we belong (to be discussed next). We must examine the communication we have with **GOD,** as well as the answers that we've received from Him and the Blessed Virgin, something that, no matter who it is that experiences it, we all understand. At the same time, whoever isn't able to experience those things first-hand is still capable of opening his eyes so as to find the answers he needs to better his life.

Religions

C hristianity: Of all of the world's religions, Christianity has the most followers. Originating from Judaism, a third of the world's population faithfully practices Christianity, which recognizes Jesus Christ as the Son of God, as well as the founder and Messiah of the Christian faith. In other words, the religion that Jesus founded in Jerusalem is known as Christianity.

Catholicism: Made up of the Apostolic and Roman Catholic Church, Catholicism is the world's oldest branch of Christianity. Its believers follow both Jesus Christ and one unique, omnipotent, eternal, just and merciful GOD, who is believed to have created man and woman in his image with intelligence and the ability to love. It's worth adding that in order to be a good Catholic, a person must follow the 10 Commandments that GOD delivered to Moses in order to find salvation and eternal life in Heaven. The main figure of Catholicism is the Pope, who lives in the Vatican and is the head of the Bishops, as well as of Saint Peter's followers. Faithful Catholics united to Christianity are located throughout the world and it's the most widespread religion.

Judaism: Judaism is one of the oldest religions and is characterized by the belief in a God that is omnipotent and omniscient who has chosen the Jewish people in revealing the Ten Commandments, as well as the third and fourth books of the Torah. The values that appear in those books, along with those expressed in their oral tradition, constitute a spiritual guide for the Jewish people.

Protestantism. A branch of the Christian faith with its origin in the ideas of Martin Luther in the 16th century, Protestantism is characterized by a belief in salvation that doesn't depend on any said work. Instead, it looks to both faith and the Bible as the sole source of its teaching, which says that all Church members are essentially equal and that only two sacraments are to be celebrated: Baptism and the Eucharist.

Islam: Islam is a monotheist religion that bases its beliefs on one book sacred to the followers of Islam (the Koran), who believe it was sent by God to the prophet Mohammed. Its followers, known as Muslims, faithfully believe in its teachings and that Mohammed was the last prophet sent to Earth by God. Islam is one of the religions with the most followers, holding second place with 20% of the world's population.

There are other beliefs that find themselves with both psychological and philosophical motivations, such as Hinduism and Buddhism. However, they're not related to our special hearts, nor to our **GOD.** Because of that, it's true that we may come to know some of their positive mental effects if carried out is a way that's healthy for our lives, as are the practices of Buddhism, which include: alms, healthy morals, patience, good energy, kindness, charity, and love thy neighbor. In addition, they prohibit five actions in particular: murder, robbery, adultery, lying and excessive consumption of alcohol. Furthermore, they state ten capital sins, which include: murder, theft, fortification, lies, slander, insults, charlatanry, envy, hate and righteousness. Because of that, it is a religion that promotes clean people with an intent to do good. However, the difference is that only some of them believe in both Jesus Christ and **GOD**.

With regard to Catholicism, it's apparent that it's the largest, most rewarding, and most important religion that we can live and follow when we feel and believe in the presence of Jesus Christ and **GOD** in our spirit, our minds, and our hearts. With the unique and impactful answers that we can enjoy and suffer through the daily Gospel, we become ready to live and die with full and total happiness throughout our days, conscious of the beautiful 10 Commandments that **GOD** has sent us:

1st. Thou shalt love thy God more than anything else.

2nd. Thou shalt not take the name of the LORD thy God in vain.

3rd. Remember the Sabbath day, to keep it holy.

4th. Honor thy father and thy mother.

5th. Thou shalt not kill.

6th. Thou shalt not commit adultery.

7th. Thou shalt not steal.

8th. Thou shalt not bear false witness.

9th. Thou shalt not make unto thee any graven image.

10th. Thou shalt not covet.

Because it's so rewarding to remember these Commandments, it's important to read them whenever we can, and to show our Youth that we want to give them the best knowledge and the deepest of experiences. Once they understand the importance of finding themselves within their hearts and with their special **"Internal Love,"** they're able to unite themselves in faith, find themselves within their hearts, and improve their lives.

Next, we'll learn how to pray and enjoy the Holy Rosary to change our lives from beginning to end.

The Reason For Our Holy Rosary

We'd mentioned earlier the possibility of being able to easily pray different Prayers, such as the Our Father, a simple Hail Mary, or the Glory Be, prayers which the majority of our readers know well. On other hand, if it's possible, it's even better to pray them together through the HOLY ROSARY, whose steps we'll follow from here on out.

The Holy Rosary is worth knowing and praying whenever possible and, if possible, every morning, afternoon or night. Once we're able to dedicate each day to praying the Rosary, we begin to recognize and receive Miracles we'd never imagined nor dreamed of, which, in turn, help us re-organize our lives in the best ways possible.

You may be thinking, how? And why? When we think deeply from within our hearts and souls about the words in the Our Father, Hail Mary, and Glory Be, dedicating them to JESUS, to GOD, and to the BLESSED VIRGIN, we find ourselves with a surprising internal happiness that we'd never imagined, and satisfied in ways that we hadn't expected before, allowing us to begin our days in a way that's special and to share what we now know with our families and with ourselves.

In receiving those special miracles, just like we clearly addressed at the start of this book, we learn that they are things many of us had never thought possible. However, through the deep words with which we pray and express our love through the HOLY ROSARY, one by one, they quickly emerge within our lives. It's also worth adding that if before we weren't able to reach that possibility or even accept how to reach it, by carrying out the Holy Rosary with great love, dedication, and concentration, even the most difficult of circumstances seem to resolve themselves, surprising us with special and rewarding results. And we say that because, as long as we do so in a way that's clean, clear and concentrated, it is a fact that those things will happen. For that, we ask you to try it.

THE HOLY ROSARY

OUR FATHER who art in heaven, Hallowed be Thy Name. Thy Kingdom come, Thy Will be done, As on earth as it is in Heaven. Give us this day, our daily bread, and forgive us our trespasses, as we forgive those who trespass against us. And lead us not into temptation, but deliver us from evil, Amen.

HAIL MARY, full of grace. The Lord is with thee. Blessed art thou among women, and blessed is the fruit of thy womb, **JESUS. HOLY MARY**, Mother of **GOD**, pray for us sinners, now and at the hour of our death. Amen.

JESUS. HOLY MARY, Mother of **GOD**, pray for us, poor sinners, now and in the hour of our death. Amen.

GLORY BE to the Father, and to the Son, and to the Holy Spirit, as it was in the beginning, is now, and ever shall be, world without end. Amen.

With the Love of GOD and the BLESSED VIRGIN, your life can change wonderfully when you pray the HOLY ROSARY.

THE JOYFUL MYSTERIES *Mondays and Saturdays*

First Joyful Mystery: The Annunciation and Incarnation of the Son of God in the Womb of the Virgin Mary
Second Joyful Mystery: The Visitation of Mary to her Cousin, Saint Elizabeth
Third Joyful Mystery: The Birth of Baby Jesus in a Manger in Bethlehem
Fourth Joyful Mystery: The Purification of the Blessed Virgin Mary and the Presentation of Jesus in the Temple
Fifth Joyful Mystery: The Finding of the Lost Child Jesus in the Temple
When you accept and receive His LIGHT, your life will shine...

THE SORROWFUL MYSTERIES *Tuesdays and Fridays*

First Sorrowful Mystery: Jesus Prays in the Garden of Gethsemane
Second Sorrowful Mystery: The Scourging of Jesus at the Pillar
Third Sorrowful Mystery: The Crowning of Jesus with Thorns

Fourth Sorrowful Mystery: The Carrying of the Cross to Calvary

Fifth Sorrowful Mystery: The Crucifixion and Death of Jesus Christ

Through a deep and spiritual practice of the daily Rosary, you will receive things you'd never imagined.

THE GLORIOUS MYSTERIES *Wednesdays and Sundays*

First Glorious Mystery: The Resurrection of our Lord Jesus Christ

Second Glorious Mystery: The Ascension of the Lord to Heaven

Third Glorious Mystery: The Descent of the Holy Spirit to the Apostles

Fourth Glorious Mystery: The Assumption of Mary to Heaven

Fifth Glorious Mystery: The Crowning of Our Lady Queen of Heaven

Your life will enter a period you thought would never come.

LUMINOUS MYSTERIES – *Thursdays*

First Luminous Mystery: Jesus' Baptism in the Jordan River

Second Luminous Mystery: Mary and Jesus at the Wedding Feast in Cana

Third Luminous Mystery: The Proclamation of the Kingdom of God and the Call to Conversion

Fourth Luminous Mystery: The Transfiguration of Jesus on Mount Tabor

Fifth Luminous Mystery: The Institution of the Eucharist

When we finish each Mystery, two beautiful prayers:

Mary, Mother of grace, Mother of mercy,
Shield me from the enemy
And receive me at the hour of my death.

O my Jesus,
Forgive us our sins,
Save us from the fires of hell,
And lead all souls to Heaven,
Especially those in most need of Your Mercy.

Final Prayer of our Holy Rosary:

Holy Queen, Mother of Mercy, our Life, our Sweetness, and our Hope. To Thee do we cry, poor banished children of Eve. To Thee do we send up our sighs mourning and weeping in this valley of tears. Turn then, most gracious Advocate, Thine Eyes of Mercy toward us, and after this our exile show unto us the Blessed Fruit of thy Womb, Jesus. O clement, O loving, O sweet Virgin Mary.

Pray for us O Holy Mother of God That we may be made worthy of the promises of Christ. Amen.

Divine Virgin, Illuminate my Soul, my Heart, my Spirit, my Thoughts, Decisions, Emotions, and Words, so that I best live each Second of each day, that you have given me.

The most important Gospel of each year. Saint Luke 24, from 46 to 53:

God the Father's Beloved Son.
"He told them, 'This is what is written: The Messiah will suffer and rise from the dead on the third day, and repentance for the forgiveness of sins will be preached in his name to all nations, beginning at Jerusalem. You are witnesses of these things. I am going to send you what my Father has promised; but stay in the city until you have been clothed with power from on high.' When he had led them out to the vicinity of Bethany, he lifted up his hands and blessed them. While he was blessing them, he left them and was taken up into heaven. Then they worshiped him and returned to Jerusalem with great joy. And they stayed continually at the temple, praising GOD."

FOR WHOM TO ASK WHY NANCY HAS WRITTEN ALL THIS? ANSWER

After a beautiful Mass with Father Chris Robinson, in the Church of St. Vincent De Paul in Chicago, I began to talk with Jesus as I did in previous years and contemplating the Beautiful Altar of this church, from one moment to another, I felt that Our Lord Jesus Christ on his Cross came to my heart to stay with me and my emotion was such that I cried from Happiness and from that moment and that day, my life changed, through which I WISH ALL WHO FOLLOW MY EXAMPLE TO ACHIEVE THE BEST OF EACH ONE OF ITS LIVES !!!

SPECIAL THANKS
TO OUR GREAT GOD, JESUS
CHRIST, HOLY SPIRIT AND
MOST HOLY VIRGIN MARY

TO MY GRANDPARENTS, FATHER AND MOTHER
TO MY CHILDREN/DAUGHTER AND THEIR
FAMILIES
TO MY GRANDCHILDREN AND GREAT-
GRANDCHILDRENTO MY SISTERS AND
NEPHEWS
TO "SCIENCE AND SPIRITUALITY"
TO POPE FRANCISCO - ACIPRENSA
TO THE SAINT VINCENT DE PAUL CATHOLIC
CHURCH
TO THE NATIONAL SHRINE OF SAINT FRANCES
XAVIER CABRINI
TO POPE FRANCISCO - ACIPRENSA
TO THE PRESIDENT AND PRODUCER OF
SPANISH PUBLIC RADIO TO MR. MIGUEL
SEJNAUI
TO MR. CARLOS BRAVO
TO MR. ZEL SACCANI
TO DR. LOUISE HAY
TO DR. GREEG BRADEN
TO DR. BRUCE LIPTON
TO DR. JOE DISPENSA
TO DR. WAYNE W. DYER
TO MR. NEALE DONALD WALSCH

CPSIA information can be obtained
at www.ICGtesting.com
Printed in the USA
BVHW041430060919
557777BV00011B/261/P

9 781506 529790